Matthias von Rorach

Das Vermächtnis der Götter

Zweite überarbeitete Auflage

Copyright: © 2017: Matthias von Rorach
2. überarbeitete Auflage 11/2017

Lektorat: Erik Kinting – www.buchlektorat.net
Umschlag & Satz: Erik Kinting

Verlag und Druck:
tredition GmbH
Halenreie 40-44
22359 Hamburg

ISBN 978-3-7439-8520-9 (Paperback)
ISBN 978-3-7439-8521-6 (Hardcover)
ISBN 978-3-7439-8522-3 (e-Book)

Bibliografische Information der Deutschen Nationalbibliothek:
Die Deutsche Nationalbibliothek verzeichnet diese Publikation in der Deutschen Nationalbibliografie; detaillierte bibliografische Daten sind im Internet über http://dnb.d-nb.de abrufbar.

Inhaltsverzeichnis:

1. Einleitung und Grundlagen

1.1. Die Entstehung der Erde und der Menschheit im Laufe der Zeit

1.1.1. Heutiger Stand

Heutiger Stand der Wissenschaft ist, dass sich die Erde und damit alles Leben, gemäß der Evolutionstheorie nach Darwin entwickelte. Es begann alles ganz einfach (z. B. einzellige Lebewesen) und steigerte sich bis heute zum derzeit weitesten entwickelten Lebewesen: dem Menschen.

Archäologische Funde lassen sich z. B. durch die Auswertung von Eiskernbohrungen relativ genau ihrer Zeit zuordnen. Dabei werden die verschiedenen übereinanderliegenden Eis- oder Erdschichten untersucht und zugeordnet. Als Ergebnis erhält man eine relativ klare und genaue Aussage, zu welcher Zeit welches Tier lebte und wann klimatische Veränderungen oder Naturkatastrophen stattfanden. Das alles ist für den normalen Bürger und die Wissenschaft relativ leicht verständlich und wird deshalb auch so dargestellt und akzeptiert. Es wird meiner Meinung nach sogar versucht, dieses möglichst nicht infrage zu stellen. Es gibt aber mindestens ein großes Problem bei dieser Theorie: Die Entwicklung nach diesem Modell dauert unheimlich lange und schreitet nur kontinuierlich voran. In den letzten 10.000 Jahren der Erdentwicklung gibt es allerdings viele Evolutionssprünge, welche nicht durch diese Theorie erklärbar sind. Eigentlich müssten wir nach dieser Theorie noch auf dem Stand der Urmenschen sein!

Die Wissenschaft hat zur Zeit große Probleme, dieses Phänomen zu erklären. Was führte dazu, dass der Mensch sich in so relativ kurzer Zeit aus dem Primaten entwickelte, sesshaft wurde, anfing Tiere zu halten und Pflanzen zu kultivieren? Er begann auch mit Metallen wie Gold, Bronze und Eisen zu arbeiten. Diese sprunghaften Entwicklungsschübe kann man bis ins heutige Industrie- und Computerzeitalter nachvollziehen, obwohl es zwischenzeitlich jahrhundertelang Stagnation, teilweise sogar eine Rückentwicklung gab. Es gibt zwar verschiedene Theorien dazu, aber überzeugen können diese alle nicht.

1.1.2. Stand vom Altertum über das Mittelalter bis in die heutige Zeit

Bevor die Evolutionstheorie aufkam, waren für weite Teile der Erde die Aussagen in der Bibel zur Entstehung von Erde und Menschheit bindend. Aber durch die in neuerer Zeit nachweislich falschen Zeitangaben, besonders bezüglich des Lebensalters der in der Bibel genannten Personen, geriet diese Theorie immer mehr ins Wanken. Diese Angaben wurden als Wunder oder Ähnliches deklariert, da man es nicht erklären konnte. Ganz ausräumen konnte man diese Theorie allerdings nie.

Die Überzeugung von der Richtigkeit dieser Theorie hängt sehr stark vom Glauben der einzelnen Menschen ab und ist von Religion zu Religion unterschiedlich stark ausgeprägt. Aber auch viele Menschen, die sich nicht eindeutig zu einer Konfession bekennen oder sogar konfessionslos sind, sind überzeugt davon, dass da irgendetwas existieren muss, was nicht erklärt werden kann. Dieses ist übernatürlich und liegt fern unserer Vorstellungskraft. Es wird von vielen Menschen als *Gott* bezeichnet und jeder Mensch hat eine andere Vorstellung davon. Darauf soll an dieser Stelle nicht näher eingegangen werden.

1.1.3. Aktuelle Situation

Beide Theorien existieren momentan nebeneinander, können meiner Meinung nach aber für sich allein nicht stattgefunden haben. Da beide Seiten aber so viele Fürsprecher haben, ist momentan eine Art Patt-Situation oder Nichtangriffspakt eingetreten, was alle möglichen weiteren Theorien von vornherein ausschließt und als Spekulation bzw. Utopie einstuft.

Meiner Meinung herrscht auf beiden Seiten große Angst, dass eventuell alles ganz anders gewesen sein könnte und dieses neue Wissen die gesamte bisherige Geschichte ändern würde. Die möglichen Folgen sind nicht vorhersehbar.

1.1.4. Ein verrücktes Gedankenspiel

Wäre es theoretisch möglich, dass beide Theorien der Wahrheit entsprechen? Ist es möglich, mit dem heutigen Wissen die bisher nicht erklärbaren Ereignisse und Zeitangaben in der Bibel richtig zuzuordnen?

Versuche gab es schon viele, die Geschichte der Erde anhand der Bibel zu interpretieren. Doch alle Versuche konnten sich gegenüber den bisherigen Theorien nicht durchsetzen. Das kommt auch daher, weil meistens nur einzelne Passagen aus der Bibel interpretiert wurden.

Was wäre aber, wenn restlos alle Angaben in der Bibel der Wahrheit entsprechen und auch andere Ereignisse, welche eventuell noch viel älter sind und in uralten, in Keilschrift verfassten Texten vorkommen, tatsächlich stattgefunden haben?

Eine Idee war geboren.

1.1.5. Gedanken über eine Veröffentlichung

Ich habe sehr lange überlegt, ob ich meine aus diesem verrückten Gedanken entstandene Theorie überhaupt veröffentlichen soll. Wahrscheinlich wird meine Theorie von dem bereits oben angeführten Personenkreis nicht akzeptiert, niedergemacht und als reine Spekulation dargestellt. Es kann halt nicht sein, was nicht sein darf. Aber sind die beiden bekanntesten Theorien nicht auch reine Spekulation? Mit dem Vorteil, dass wir diese schon länger kennen?

Den Ausschlag für eine Veröffentlichung gab, dass so viele sich aus meinen Berechnungen ergebende Datumsangaben, mögliche Erklärungen für Redewendungen und sogenannte *Wunder* in der Gesamtheit kein Zufall sein können. Zudem bin ich überzeugt, dass wir aus unserer Vergangenheit sehr viel für die Zukunft lernen können, damit wir die gleichen Fehler jetzt und in der Zukunft nicht noch einmal machen.

Außerdem bin ich der festen Überzeugung, dass infolge des technischen Fortschritts die Zeit für die Entschlüsselung des Rätsels über die Erschaffung der Erde und der Menschheit gekommen ist. Wenn nicht ich, dann würde sich über Kurz oder Lang jemand anders Gedanken dazu machen.

1.1.6. Ziel der Veröffentlichung

Mein Ziel ist es, die Wahrheit über die Entstehung der Erde und der Menschheit herauszufinden. Auf keinen Fall will ich irgendeine Person oder irgendeine Institution angreifen oder in Verlegenheit bringen. Ideal wäre meiner Meinung nach, wenn durch die Veröffentlichung eine unvoreingenommene, unabhängige Überprüfung meiner Theorie durch geeignete Institutionen (z. B. Universitäten) erfolgt.

Meiner Meinung nach haben zumindest Teile meiner Theorie das Potenzial wahr zu sein und es lohnt sich diese zu überprüfen, denn unsere Geschichte (die Geschichte der Erde) könnte interessanter und spannender sein, als jeder bisher in Hollywood entstandene Spielfilm.

1.2. Der Ursprung der bekanntesten Theorien von der Erschaffung der Erde und der Menschheit

1.2.1. Die Entstehung der Bibel

1.2.1.1. Das Alte Testament

Das Alte Testament ist nach meiner Überzeugung in erster Linie ein Buch, das die Geschichte der Menschheit widerspiegelt und mit Anleitungen und Regeln versehen ist. Es beginnt mit der Entstehung der Welt und endet einige Zeit vor der Geburt von Jesus Christus.

Darin sind 17 sogenannte *Geschichtsbücher* enthalten, welche die Namen von Personen tragen. Meiner Ansicht nach haben diese Personen tatsächlich existiert und ihre Geschichten (Bücher) selbst erlebt und niedergeschrieben. Deshalb sind sie nach ihren Namen benannt. Diese Bücher sind Geschichten, die aus unterschiedlichen Quellen stammen, aber manchmal vom gleichen Ereignis handeln. Deshalb gibt es auch so viele Querverweise in der Bibel. Dieses untermauert die Wahrheit dieser Geschichten.

Die Wissenschaft kann nur anhand von gefundenen Papyrus-Rollen oder ähnlichen archäologischen Funden das Alter der Schriften grob feststellen. Ob es sich dabei um Kopien handelt, die eventuell viele Jahre später entstanden sind, oder ob es sich um Originale handelt, ist schwer zu beurteilen.

Anhand der in der Bibel und der in der Chronologie der Bibel von Dr. Paul Zint (auf dieses Thema gehe ich im Verlauf dieses Buches näher ein) gemachten Zeitangaben, lässt sich die Entstehung in die richtige Zeit einordnen. Moses lebte demnach z. B. von 1587 v. Chr. bis 1467 v. Chr. und zu seiner Zeit fand der Auszug der Israeliten aus Ägypten statt.

Im Internet unter www.bibel-online.net wird für die Entstehung der 5 Bücher Moses die Zeit 1450 v. Chr. bis 1410 v. Chr. angegeben. Diese 5 Bücher Moses sind etwas Besonderes. Sie enthalten Informationen weit vor der Zeit von Moses, aber auch über die Zeit nach seinem Tod.

Das 1. Buch (Genesis) handelt dabei von der Entstehung der Welt, von der Erschaffung der Menschheit und von einer großen Katastrophe (Sintflut). Aber woher hatte er diese Informationen und warum war es ihm so wichtig, dass diese Informationen an die nachfolgenden Generationen weitergegeben wurden?

Da er sehr viel Kontakt zu Gott hatte und von ihm auch die ersten Gesetze erhielt, ist es sehr wahrscheinlich, dass er seine Informationen von Gott bekam.

Meine Schlussfolgerung daraus ist, dass Gott wollte, dass spätere Generationen genau erfahren und damit zu gegebener Zeit nachvollziehen können, wie die Erde und die Menschheit entstanden sind.

Aber wie schafft man es, Informationen über Jahrtausende mündlich und schriftlich weiterzugeben, ohne dass sich dabei der Inhalt, der mitgeteilt werden soll, ändert? Normalerweise würde der Inhalt vergleichbar mit dem Kinderspiel *Stille Post* von Mal zu Mal unkorrekter wiedergegeben werden.

Schon jahrhundertelang wird spekuliert, dass die Tora (die Urform der 5 Bücher Moses), ich will es mal salopp ausdrücken: magische Kräfte enthält. Seit ich mich mit dem Buch *Der Bibelcode* von Michael Drosnin beschäftigt habe, bin ich überzeugt davon, dass Gott bei der Vorgabe der Genesis an Moses eine Art *Echtheitszertifikat* mit eingebaut hat, damit auch spätere Generationen noch die von ihm gewollten Informationen erhalten.

Zur Information: In dem Buch *Der Bibelcode* werden alle Worte der 5 Bücher Moses in ihrer Urform (Tora) ohne Satzzeichen hintereinandergeschrieben und dann auf eine unterschiedliche Anzahl von Zeilen verteilt, sodass sich ein Rechteck ergibt. Dabei ergeben sich wie beim Kreuzworträtsel waagerecht, senkrecht oder diagonal zusammenhängende Schlagworte der jüngeren Geschichte. Dieses ist zwar bei anderen Büchern auch der Fall, aber bei Weitem nicht so oft wie in der Tora.

Eine weitere Frage beschäftigte mich: Wieso wurde erst ca. 1000 Jahre nach der Sintflut durch Moses die Entstehungsgeschichte der Erde und der Menschheit niedergeschrieben und weshalb wurden erst ihm die Gesetze von Gott gegeben?

Weiterhin enthält das Alte Testament 16 prophetische Bücher, deren Propheten nach meiner Meinung auch tatsächlich gelebt und ihre Erlebnisse und Prophezeiungen niedergeschrieben haben. Der Prophet Daniel lebte z. B. zu der Zeit, als das Volk Israel in Babylon in Gefangenschaft war.

Außerdem sind noch 6 Lehrbücher (poetische Bücher und Bücher der Weisheit) enthalten.

Dieses kann alles relativ gut überprüft und zeitlich zugeordnet werden, bis ca. 500 v. Chr. die Ausführungen im Alten Testament plötzlich enden.

1.2.1.2. Das Neue Testament

Das Neue Testament enthält 5 Geschichtsbücher, 21 Briefe und ein prophetisches Buch. Es ist zwischen 50 n. Chr. bis 100 n. Chr. entstanden (Quelle: www.bibel-online.net). Es beginnt mit der Geburt von Jesus Christus und behandelt danach intensiv die Verbreitung des Christentums durch die Apostel nach dem Tod und der Auferstehung von Jesus Christus.

Meiner Ansicht nach haben auch diese Personen tatsächlich gelebt und ihre Geschichten (Bücher und Briefe) selbst aufgeschrieben. Deshalb sind auch sie nach ihren Namen benannt.

1.2.1.3. Die Zusammenstellung der Bibel

Wie ist es nun aber dazu gekommen, dass genau diese Bücher und Briefe in die Bibel aufgenommen wurden? Auf alle Fälle muss über die Zusammenstellung der einzelnen Bücher (was gehört in die Bibel, was nicht?) früher einmal heftig diskutiert worden sein. Über den Zeitpunkt, den Ort und über die Teilnehmer dieser wichtigen Entscheidung existieren keine gesicherten Angaben.

Nach meiner Meinung am wahrscheinlichsten ist, dass es im Endeffekt eine Abstimmung von hochrangigen Kirchenvertretern gegeben haben muss. Dabei wurde nach bestem Wissen und Gewissen nur das in die Bibel aufgenommen, was nach damaligem Kenntnis- und Wissensstand stattgefunden haben könnte, sich nicht widersprach und möglichst durch mehrere Überlieferungen bestätigt wurde.

Kurios ist, dass im Neuen Testament kein genaues Datum für die Geburt und die Kreuzigung von Jesus Christus bekannt ist, obwohl nur ca. 20 Jahre von der Kreuzigung (ca. im Jahre 30) bis zur Entstehung des Matthäus-Evangeliums (ca. im Jahre 50 lt. www.bibel-online.net) vergangen sind. Wahrscheinlich gab es, wieso auch immer, zu dieser Zeit schon unterschiedliche Zeitangaben dazu, die nicht richtig zugeordnet werden konnten. Meiner Meinung nach einigte man sich darauf, unklare Zeitangaben wegzulassen und für diese Zeit nicht nachvollziehbare Ereignisse als Wunder darzustellen.

In den heutigen Geschichtsbüchern setzt man die Geburt von Jesus Christus mit dem Beginn unserer jetzigen neuen Zeitrechnung gleich. Dieser Zusammenhang ist aber nach neuesten Erkenntnissen eher unwahrscheinlich. Die Folge dieser wahrscheinlich falschen Interpretation ist, dass alle alten Zeitangaben in der Form v. Chr. (vor Christus) angegeben werden. Ich habe dagegen in meinen Tabellen die korrektere Form v.d.Z. (vor der Zeitrechnung) benutzt oder der Jahreszahl ein Minuszeichen vorangestellt.

1.2.2. Weitere bekannte uralte Theorien

Jedes Volk und jede Religion auf der Erde hat seine eigene Vorstellung von der Entstehung der Erde und der Menschheit. Die ältesten bekannten Überlieferungen wurden im Orient gefunden. Die bedeutendsten in Keilschrift gefundenen Schriften sind der *Enuma Elisch* (Babylonischer Schöpfungsmythos), das *Atrahasis-Epos* und das *Gilgamesch-Epos*. Es gibt aber noch viel mehr, überall auf dieser Welt. Überraschend dabei ist, dass es viele Ähnlichkeiten bei diesen Überlieferungen gibt. Meistens sind in diesen Ausführungen eine große Katastrophe (die Sintflut) und eine Gruppe von Menschen enthalten, die diese Katastrophe überlebten.

1.2.2.1. Enuma Elisch

Der Enuma Elisch ist der babylonische Schöpfungs-Mythos, dessen ca. 1000 Zeilen auf 7 Tontafeln in mehreren Abschriften aus dem 9. bis 2. Jahrhundert v. Chr. fast komplett erhalten sind. Meiner Meinung nach ist dieses die älteste noch erhaltene Schrift bezüglich der Schöpfung. Die in Keilschrift erhaltenen Tafeln sind in Teilen mehrfach gefunden worden. Der genaue Zeitpunkt der Entstehung ist unklar, da wahrscheinlich diese Schöpfungsgeschichte zu der Zeit, als Marduk von einem unbedeutenden Gott zu einem Hauptgott aufstieg, umgeschrieben wurde.

Diese Schöpfungsgeschichte war zu jener Zeit ein Ritual und wurde immer zum Neujahrsfest aufgeführt und Marduk als der große Held gefeiert.

In dem Mythos geht es um die Erschaffung der Erde. Apsu (der Uranfängliche) und Tiamat (die sie alle gebar, dargestellt als ein Seeungeheuer) sind die ersten Daseinsformen. Sie erzeugen die Götter. Nach einiger Zeit kommt Unruhe zwischen den Göttern und ihren Eltern auf. Diese steigert sich immer weiter bis ein Sohn dieser Götter (Marduk) schließlich den Kampf gegen Tiamat aufnimmt und sie tötet. Aus der getöteten Tiamat entsteht unter anderem unsere Erde.

1.2.2.2. Atrahasis-Epos

Das Atrahasis-Epos verfasste ein unbekannter Dichter wahrscheinlich ca. 1800 v. Chr. Meiner Meinung nach ist es noch älter. Es besteht aus drei Keilschrifttafeln und ist unterschiedlich gut erhalten.

In dem Epos geht es um einen Streit zwischen den Anunnaki (höhere Götter) und den Igidu (niedere Götter). Weil dieses fast zum Aufstand der Igidu führt, wird der primitive Arbeiter (Mensch) von den Hauptgöttern Nintu und Enki erschaffen. Es entsteht Widimmu, woraus später Mann und Frau entstehen. Nachdem sich die Menschen 1200 Jahre stark vermehrt haben und eigenständiger werden, wird von Hauptgott Enlil unter Einbeziehung der anderen Götter die Vernichtung der Menschen durch die sich ankündigende Sintflut beschlossen. Atrahasis wird von Hauptgott Enki genauso wie in der Bibel Noah von Gott davor gewarnt (gleiche Geschichte). Nach der Flut waren die Menschen sterblich.

1.2.2.3. Gilgamesch-Epos

Das Gilgamesch-Epos besteht aus 11 bzw. 12 Tontafeln, welche in Keilschrift verfasst worden sind. Es besteht leider nur aus zusammengesetzten Fragmenten aus unterschiedlichen Zeitepochen und Sprachen. Die ältesten Fragmente stammen mindestens aus dem 18. Jahrhundert v. Chr. In dem Epos geht es um die Geschichte des Gilgamesch, der zu zwei Dritteln ein Gott und zu einem Drittel ein Mensch ist. Die Geschichte beinhaltet die Erlebnisse und Abenteuer von Gilgamesch und Enkidu und seinem Streben nach Unsterblichkeit. Außerdem handelt sie von Utnapischtim (Ziusudra), dem biblischen Noah und der Geschichte von der Sintflut.

1.2.2.4. Die Königsliste vor der Sintflut

Es sind mehrere Königslisten im alten Orient gefunden worden. Leider enthalten diese Listen unterschiedliche, zum Teil unvollständige und für die heutige Zeit unvorstellbare Regierungszeiten von 10.000 bis 70.000 Jahren. Die bekannteste Überlieferung stammt von dem babylonischen Priester Berossos, der im 4./3. Jahrhundert vor der Zeitrechnung lebte.

Er gibt für die Regierungszeit von 10 Königen vor der Sintflut insgesamt 432.000 Jahre an (nach Gerhard F. Hasel). Dabei sind Ähnlichkeiten mit der Generationsfolge in der Bibel (Adam bis Noah) vorhanden.

1.2.2.5. Interpretation des Zecharia Sitchin

In seinem Buch *Der 12. Planet* vergleicht Zecharia Sitchin die Schöpfungsgeschichte (Enuma Elisch) mit der Entstehung unseres Sonnensystems. Dabei behauptet er, dass die Götter im Enuma Elisch in Wirklichkeit die Planeten in unserem Sonnensystem sind.

Die Veröffentlichung dieses Buches sorgte für viel Wirbel und Aufsehen, wird aber von den renommierten Gelehrten unserer Zeit nicht anerkannt, da der Nachweis über die Richtigkeit seiner Theorien sehr schwierig ist. Mit meinen Worten habe ich mal in Kurzform seine Version des Enuma Elisch zusammengefasst:

Als Erstes waren Apsu (Sonne) und Tiamat (nicht mehr existierender Mutterplanet) vorhanden. Sie erzeugten die Götter (Planeten), die wiederum Götter (Planeten) erzeugten, bis die Sonne und 9 Planeten (Merkur, Venus, Mars, Jupiter, Saturn, Neptun, Uranus, Pluto und Tiamat) vorhanden waren. Erde und Mond existierten noch nicht. Als nächster Planet wurde Nibiru (der 12. Planet) erschaffen.

Unser Sonnensystem war aber nicht stabil, da sich die Planeten kreuz und quer um die Sonne bewegten. Es kam immer wieder zu Störungen, die die Umlaufbahn um die Sonne beeinflussten. Es musste also eines Tages zum großen Showdown kommen.

Das passierte, als der nach Sitchin alle 3600 Jahre wiederkehrende Planet Nibiru mit seinen 4 Monden mit dem Mutterplaneten Tiamat zusammenstieß. Tiamat hatte vorher noch den Mond und 11 weitere kleinere Planeten erschaffen. Diese Himmelsschlacht gewann Nibiru. Als Folge verlor der Mond seine eigene Umlaufbahn und wahrscheinlich auch seine bis dahin existierende Atmosphäre. Die 11 kleinen Planeten bilden seitdem den Asteroidengürtel zwischen Mars und Jupiter.

Noch schlimmer erwischte es Tiamat. Sie wurde voll von einem Mond des Nibiru getroffen und in zwei Teile getrennt. Aus dem einen Teil entstand die Erde und den zweiten Teil zerstörte Nibiru bei seinem nächsten Umlauf nach 3600 Jahren. Die Erde wurde dabei an einen unbekannten Ort im Sonnensystem abgelenkt. Das Sonnensystem war nach dieser Himmelsschlacht stabil und die Planeten befanden sich bis auf die Erde und ihren Mond bereits auf ihren heutigen Positionen.

Weiterhin behauptet Zecharia Sitchin, dass die im Atrahasis-Epos und im Gilgamesch-Epos gemachten Angaben mit den Angaben in der Bibel für die Zeiten bis zur Sintflut ähnlich sind und tatsächlich stattgefunden haben. Das Leben auf unserer Erde wurde seiner Meinung nach stark von den Anunnaki (Göttern) beeinflusst. Die Götter kamen vom Planeten Nibiru auf die Erde, da dieser dem Untergang geweiht war. Der Eingriff in die Entwicklung des Menschen führte zu einem unerklärlichen Zeitsprung in der Evolution, der sich besonders in der Zeit ab ca. 10.000 v. Chr. abgespielt hat. Ab dieser Zeit hat bei den Menschen, vielen Pflanzen und Tieren eine extreme Weiterentwicklung stattgefunden bzw. sie tauchen das erste Mal auf.

1.2.2.6. Evolutionstheorie

Die Synthetische Evolutionstheorie vereint Erkenntnisse aus allen Teilbereichen der Biologie und gilt als plausibelste Theorie zur Entwicklung des Lebens.

Nach dieser Theorie entwickelten sich im Laufe von Milliarden Jahren aus vergleichsweise einfachen Lebensformen immer komplexere Lebewesen. Nach Darwin überleben die sich am besten an die Umwelt angepassten Individuen. Sie erzeugen zudem mehr Nachkommen. Am Ende dieser Kette steht der Mensch.

Diese Theorie ist derzeitiger anerkannter Kenntnisstand und wird auch so in der Schulbildung vermittelt. Deshalb gehe ich davon aus, dass diese Theorie hinlänglich bekannt ist, und gehe deshalb nicht näher darauf ein.

2. Der Vergessene Kalender

2.1. Gedanken über die Bibel

Ich bin in einem christlichen Elternhaus aufgewachsen. Seit frühester Kindheit beschäftigen mich die unerklärlichen Zeitangaben in der Genesis, die so überhaupt nicht in das Gesamtbild der Bibel passen. Dieses führte bei mir immer wieder zu Zweifeln an der Gesamtwahrheit der Bibel. Ich gehe davon aus, dass jeder Mensch, der sich mit der Bibel beschäftigt hat, schon einmal in dieser Situation war.

Ich bin mittlerweile über 50 Jahre alt und habe in den letzten zwei Jahren eine Theorie entwickelt, die diese für unsere Zeit utopischen Altersangaben erklären könnte. Um dieses Rätsel zu lösen, ist die Beantwortung folgender Frage unerlässlich: *Ist es aus heutiger Sicht theoretisch überhaupt möglich, dass diese Altersangaben korrekt sind?*

Die Antwort ergibt sich, wenn man den Begriff *Zeit* näher betrachtet. Die Zeit ist eigentlich eine feste Größe, die nicht veränderbar ist. Diese Aussage trifft allerdings nur zu, wenn sich die Erdrotationsgeschwindigkeit (Ursache für den 24-Stunden-Tag) und/oder die Erdumlaufgeschwindigkeit/Erdbahnlänge (Ursache für die Jahreslänge) nicht ändert. Theoretisch ist also eine Beeinflussung der Zeit nur möglich, wenn sich mindestens eine der vorgenannten Begebenheiten durch ein astronomisches Ereignis in unserem Sonnensystem ändert.

Auch wenn man davon ausgeht, dass das vor langer Zeit bei der Entstehung der Erde schon einmal passiert sein muss, ist es in den letzten ca. 10.000 Jahren kaum vorstellbar. Dieses unvorstellbare Ereignis hat nach meiner Theorie aber mehrmals in der Zeit von ca. 3500 v. Chr. bis ca. 500 v. Chr. stattgefunden.

In der Bibel sind diese Ereignisse meiner Meinung nach sogar aufgeführt. Ich habe sie in meiner Theorie nicht nur erkannt, sondern auch auf den Tag genau zugeordnet.

Zusammenfassend muss ich zugeben, dass meine Theorie zwar ziemlich unwahrscheinlich, unglaublich und unvorstellbar ist, aber nicht völlig ausgeschlossen werden kann.

In meinen folgenden Ausführungen fange ich von hinten an, beschäftige mich also zuerst mit der Zeit nach der Sintflut, anschließend damit, was während der Sintflut geschehen ist, und zum Schluss mit der Frage, was vor der Sintflut passiert sein könnte. Der Grund dafür ist, dass es um so schwieriger wird Ereignisse nachzuvollziehen, je länger sie zurückliegen. Es gehen einfach immer mehr Informationen verloren, je mehr Zeit vergeht.

Die Ausgangsbasis für meine Theorie ist die Annahme, dass alle Inhalte der Bibel der Wahrheit entsprechen. Dabei war die Sintflut die mit Abstand größte Katastrophe, welche zur Zeit der Menschheit stattgefunden hat. Nach dieser Katastrophe, die nur ein astronomisches Ereignis in unserem Sonnensystem ausgelöst haben kann, befand sich die Erde auf ihrer heutigen Umlaufbahn um die Sonne. Dadurch war auch zu dieser Zeit Leben auf der Erde möglich. Die Erdbahn war schon damals 940.000.000 km lang und der Abstand zur Sonne betrug 150.000.000 km. Die Erde bewegte sich aber nur mit ca. 28.000 km/h gegenüber den heutigen 107.200 km/h auf der Erdbahn. Außerdem bestand ein Jahr zu diesem Zeitpunkt aus 300 Tagen gegenüber den heutigen 365,2425 Tagen.

Die genaue Erklärung zum Verlauf der Sintflut befindet sich im 3. Kapitel meiner Ausführungen.

2.2. Auffälligkeiten von unterschiedlichen Zeitangaben in der Geschichte

Nach meiner Theorie müsste es also mindestens ein, wenn nicht sogar mehrere Ereignisse gegeben haben, die von einem 300-Tage-Jahr zu unserem heutigen 365,2425-Tage-Jahr führten.

Auf meiner Suche nach Antworten stieß ich immer wieder auf verschiedene Zeitangaben für ein Jahr. In mehreren alten Überlieferungen aus verschiedenen Regionen der Erde bestand ein Jahr aus 360 Tagen (12 Monate á 30 Tage).

Noch interessanter ist die detaillierte Beschreibung des griechischen Geschichtsschreibers Herodot, der im 5. Jahrhundert vor unserer Zeitrechnung lebte. In seinen Historien unter Kroisos und Solon, 1.32, beschreibt er detailliert ein Jahr mit 375 Tagen: Da erwiderte Solon: »*O Kroisos! Mich, der ich wohl weiß, wie die Gottheit durchaus von Neid und Unruhe erfüllt ist, fragst du über menschliche Dinge. In der langen Zeit eines Lebens gibt es vieles zu sehen, was man nicht will, vieles aber auch zu ertragen; ich setze nämlich die Grenze des Lebens auf siebzig Jahre; diese siebzig Jahre machen fünfundzwanzigtausend und zweihundert Tage, wenn kein Schaltmonat eingerechnet wird. Insofern nun aber ein Jahr um einen Monat länger sein soll als das andere, damit die Jahreszeiten zur gehörigen Zeit eintreffen, kommen zu den siebzig Jahren noch fünfunddreißig Schaltmonate hinzu, und aus diesen Monaten ergeben sich tausend und fünfzig Tage. Von all diesen Tagen, die auf die siebzig Jahre gehen, sechsundzwanzigtausend-zweihundertundfünfzig, bringt kein Tag ein dem anderen völlig gleiches Ereignis; so also, o Kroisos, ist der Mensch ganz ein Spiel des Zufalls.*« (Anmerkung: 26.250 Tage / 70 Jahre = 375 Tage/Jahr.) (Quelle: *Die Musen des Herodotus von Halicarnassus* von J. C. F. Bähr)

Ich gehe davon aus, dass es diese Jahreslängen ebenfalls gegeben hat und dass die Änderung des Jahres von einem Jahr mit 375 Tagen auf unser heutiges Jahr mit 365,2425 Tagen kurz vor Herodots Geburt stattfand. Da die Basis bei Herodot 25.200 Tage / 70 Jahre = 360 Tage/Jahr ist, müsste außerdem das 360-Tage-Jahr dem 375-Tage-Jahr vorausgegangen sein.

Der Verlauf der Anpassung der Jahreslänge hätte sich somit ab der Sintflut wie folgt zugetragen:

1. 300 Tage
2. 360 Tage
3. 375 Tage
4. 365,2425 Tage

Da der Abstand zwischen 300 Tagen und 360 Tagen relativ groß ist, gehe ich von zusätzlichen Zwischenschritten von 320 und 340 Tagen aus.

Die angepasste Aufstellung würde dann so aussehen:

1. 300 Tage
2. 320 Tage
3. 340 Tage
4. 360 Tage
5. 375 Tage
6. 365,2425 Tage

2.3. Die verrückten Zeitangaben in der Bibel

Um mir die undefinierbaren Zeitangaben in der Bibel über das erreichte Lebensalter der ersten Menschen nach Adam besser vorstellen zu können, machte ich mir eine Aufstellung in Tabellenform (Tabelle 2.3.1.):

Name	Alter des Vaters bei Geburt (Jahre)	Alter (Jahre)
Adam	0	930
Seth	130	912
Enos	105	905
Kenan	90	910
Mahalalel	70	895
Jered	65	962
Henoch	162	365
Methusalah	65	969
Lamech	187	777
Noah	182	950
Sem	502	600
Arpaksad	100	438
Schelach	35	433
Heber	65	464
Peleg	34	239
Reghu	30	239
Serug	62	230
Nahor	30	148
Tarah	59	205
Haran	70	
Abraham	130	175
Ismael	86	137

Dabei sind mir Zeitsprünge aufgefallen: (Tabelle 2.3.2.):

Name	Alter des Vaters bei Geburt (Jahre)	Alter (Jahre)	max. erreichtes Alter (Jahre)
Adam	0	930	
Seth	130	912	
Enos	105	905	
Kenan	90	910	
Mahalalel	70	895	
Jered	65	962	ca. 1000
Henoch	162	365	
Methusalah	65	969	
Lamech	187	777	
Noah	182	950	
Sem	502	600	
Arpaksad	100	438	
Schelach	35	433	ca. 500
Heber	65	464	
Peleg	34	239	
Reghu	30	239	
Serug	62	230	
Nahor	30	148	ca. 250
Tarah	59	205	
Haran	70		
Abraham	130	175	
Ismael	86	137	

Diese Zeitsprünge habe ich weiter verfolgt und kam auf die Idee, dass sie nur die Folge eines großen Ereignisses sein können, das eigentlich so gravierend gewesen sein müsste, dass es heute noch bekannt wäre.

Da fielen mir die Bibelgeschichten vom Turmbau zu Babel und der Zerstörung von Sodom und Gomorrha ein, die sich zeitlich richtig zuordnen lassen (Tabelle 2.3.3.):

Name	Alter des Vaters bei Geburt (Jahre)	Alter (Jahre)	max. erreichtes Alter (Jahre)
Beginn der Menschheit			
Adam	0	930	
Seth	130	912	
Enos	105	905	
Kenan	90	910	
Mahalalel	70	895	
Jered	65	962	ca. 1000
Henoch	162	365	
Methusalah	65	969	
Lamech	187	777	
Noah	182	950	
Sem	502	600	
Sintflut			
Arpaksad	100	438	
Schelach	35	433	ca. 500
Heber	65	464	
Turmbau zu Babel			
Peleg	34	239	
Reghu	30	239	
Serug	62	230	
Nahor	30	148	
Tarah	59	205	ca. 250
Haran	70		
Abraham	130	175	
Ismael	86	137	
Sodom und Gomorrha			

Es gibt in der Bibel ja noch weitere außergewöhnliche Ereignisse, wie z. B. den Exodus (Mose teilt das Rote Meer beim Auszug der Israeliten aus Ägypten). Sollten alle diese Ereignisse etwas mit dem erreichbaren Lebensalter der Menschen zu tun haben?

2.4. Zusammenhänge zwischen Zeit und Geschwindigkeit

2.4.1. Berechnung des Verhältnisses zwischen Zeit und Geschwindigkeit von der Flut bis heute

Zeitunterschied:
365,2425 Tage – 300 Tage = 65,2425 Tage

Geschwindigkeitsunterschied:
107.208 km/h – 28057 km/h = 79.151 km/h

Berechnung der Geschwindigkeitsänderung pro zusätzlichem Tag:
79.151 km/h / 65,2425 Tage = 1.213,1815 km/h pro zusätzlichem Tag

Bei dieser angenommenen Geschwindigkeitsänderung von 1.213,1815 km/h pro zusätzlichem Tag würde dies z. B. für die Änderung der Jahreslänge während der Sintflut von 300 auf 320 Tage eine Geschwindigkeitserhöhung von 28.057 km/h auf 52.321 km/h bedeuten (1.213,1815 km/h x 20 Tage = 24.264 km/h + 28.057 km/h = 52.321 km/h).

Da die Länge der Erdbahn gleich bleibt, ergibt sich für den Faktor der Tageslänge folgende Rechnung:
Länge der Erdbahn / Umlaufgeschwindigkeit / Anzahl der Tage pro Jahr / 24 Stunden = Faktor Tageslänge
Das heißt: 940.000.000 km / 28057 km/h / 300 Tage / 24 h = 4,6532

Macht man diese Rechnung für alle Veränderungen der Tageslänge, ergibt sich Folgendes (Tabelle 2.4.1.):

Länge Erdbahn In km	Umlaufge- schwindigkeit	Faktor	Tage/Jahr	Geschwindigkeits- änderung pro zusätzlichem Tag
940000000	107208	1,00	365,24	1213,18
940000000	119046	0,88	375	1213,18
940000000	100848	1,08	360	1213,18
940000000	76584	1,50	340	1213,18
940000000	52321	2,34	320	1213,18
940000000	28057	4,65	300	1213,18

2.4.2. Auswertung der Ergebnisse

Vergleicht man jetzt den Faktor für die sich ändernde Tageslänge mit den in Kapitel 2.3. gemachten Angaben für das Alter verschiedener Personen im Alten Testament, kommt man zu folgendem verblüffenden Ergebnis (Tabelle 2.4.2.1.):

Ereignis	Faktor Tageslänge	max. Alter der Menschen Errechnet aus Faktor Basis heutige Lebenserwartung 100 Jahre	max. Alter aus der Bibel siehe Tabelle 2.3.2.
heute			
	1,00	100	
????			
	0,88	88	
????			
	1,08	108	
????			
	1,50	150	
Sodom & Gomorrha			
	2,34	234	ca.250
Turmbau zu Babel			
	4,65	465	ca.500
01.01. z.Z. der Flut			
			ca. 1000
vor der Flut			

31

Da dieses bisher alles auf so wundersame Weise zusammenpasste, suchte ich in der Bibel nach weiteren außergewöhnlichen Ereignissen, die auf Änderungen in der Zeit hindeuten könnten.
Die meiner Meinung nach am wahrscheinlichsten zutreffenden Ereignisse habe ich in die Tabelle eingearbeitet (Tabelle 2.4.2.2.):

Ereignis	Faktor Tageslänge	max. Alter der Menschen Errechnet aus Faktor Basis heutige Lebenserwartung 100 Jahre	max. Alter aus der Bibel siehe Tabelle 2.3.2.
heute			
	1,00	100	
1.Zerstörung Jerusalem (Nebukadnezar)			
	0,88	88	
Tempelbau			
	1,08	108	
Exodus			
	1,50	150	
Sodom & Gomorrha			
	2,34	234	ca.250
Turmbau zu Babel			
	4,65	465	ca.500
01.01. z.Z. der Flut			
			ca. 1000
vor der Flut			

Auch das von Herodot angeführte Alter von 70 Jahren bei einem 375-Tage-Jahr passt ziemlich gut in dieses Muster (Tabelle 2.4.2.3.):

Ereignis	Faktor Tageslänge	max. Alter der Menschen Errechnet aus Faktor Basis heutige Lebenserwartung 100 Jahre	max. Alter aus der Bibel siehe Tabelle 2.3.2.
heute			
1.Zerstörung Jerusalem (Nebukadnezar)	1,00	100	
	0,88	88	70
Tempelbau			
	1,08	108	
Exodus			
	1,50	150	
Sodom & Gomorrha			
	2,34	234	ca.250
Turmbau zu Babel			
	4,65	465	ca.500
01.01. z.Z. der Flut			
			ca. 1000
vor der Flut			

An diesem Punkt kam ich erst einmal nicht weiter, da mir der Bezug zur heutigen Zeit fehlte. Dies änderte sich, nachdem ich im Internet auf eine Zeittabelle stieß, auf die ich im folgenden Kapitel näher eingehe.

33

2.5. Die Angaben der Bibel in die richtige Zeit gesetzt

Nach längeren Recherchen kam ich zu dem Ergebnis, dass die in der Chronologie der Bibel von Paul Gerhard Zint gemachten Angaben die beste und wahrscheinlich die richtige Interpretation über den Zeitablauf in der Bibel sind (Tabelle 2.5.1.).

Genaue Angaben finden Sie unter www.zeitundzahl.de im Internet.

Jahr		Name	Ereignis
4234	v.Chr.	Adam	Geburt
4104	v.Chr.	Seth	Geburt
3999	v.Chr.	Enos	Geburt
3909	v.Chr.	Kenan	Geburt
3839	v.Chr.	Mahalaiel	Geburt
3774	v.Chr.	Jered	Geburt
3612	v.Chr.	Henoch	Geburt
3547	v.Chr.	Methusalah	Geburt
3360	v.Chr.	Lamech	Geburt
3304	v.Chr.	Adam	Tod
3247	v.Chr.	Henoch	Himmelfahrt
3192	v.Chr.	Seth	Tod
3178	v.Chr.	Noah	Geburt
3094	v.Chr.	Enos	Tod
2999	v.Chr.	Kenan	Tod
2944	v.Chr.	Mahalaiel	Tod
2812	v.Chr.	Jered	Tod
2678	v.Chr.	Japhet	Geburt
2676	v.Chr.	Sem	Geburt
2583	v.Chr.	Lamech	Tod
2578	v.Chr.	Methusalah	Tod
			Flut
2576	v.Chr.	Arpaksad	Geburt
2541	v.Chr.	Schelach	Geburt
2511	v.Chr.	Heber	Geburt
2477	v.Chr.	Peleg	Geburt
2447	v.Chr.	Reghu	Geburt
2415	v.Chr.	Serug	Geburt
2385	v.Chr.	Nahor	Geburt
2356	v.Chr.	Tarah	Geburt
2286	v.Chr.	Haran	Geburt
2238	v.Chr.	Peleg	Tod
2237	v.Chr.	Nahor	Tod
2228	v.Chr.	Noah	Tod
2226	v.Chr.	Abraham	Geburt
2216	v.Chr.	Sarah	Geburt
2208	v.Chr.	Reghu	Tod
2185	v.Chr.	Serug	Tod
2151	v.Chr.	Tarah	Tod
2151	v.Chr.		Abraham aus Haran
2140	v.Chr.	Ismael	Geburt
2138	v.Chr.	Arpaksad	Tod
2127	v.Chr.		Bund mit Abraham
2127	v.Chr.		Beschneidung

Jahr		Name	Ereignis
2127	v.Chr.		Sodom und Gomorrha zerstört
2126	v.Chr.	Isaak	Geburt
2113	v.Chr.		Opferung Isaaks
2108	v.Chr.	Schelach	Tod
2089	v.Chr.	Sarah	Tod
2086	v.Chr.		Isaak heiratet Rebekka
2076	v.Chr.	Sem	Tod
2066	v.Chr.	Esau	Geburt
2066	v.Chr.	Jakob	Geburt
2051	v.Chr.	Abraham	Tod
2047	v.Chr.	Heber	Tod
2026	v.Chr.		Esau heiratet Judith/Basmath
2003	v.Chr.	Ismael	Tod
1975	v.Chr.	Joseph	Geburt
1958	v.Chr.		Joseph verkauft
1946	v.Chr.	Isaak	Tod
1936	v.Chr.		Jakob in Ägypten
1919	v.Chr.	Jakob	Tod
1865	v.Chr.	Joseph	Tod
1590	v.Chr.	Aaron	Geburt
1587	v.Chr.	Mose	Geburt
1526	v.Chr.	Josua	Geburt
1506	v.Chr.		Exodus
1467	v.Chr.	Mose	Tod
1466	v.Chr.		Einzug in Kanaan
1167	v.Chr.		300 Jahre Hesbon
1167	v.Chr.		Jephta Regierungsantritt
1093	v.Chr.	David	Geburt
1070	v.Chr.		David Regierungsantritt
1030	v.Chr.		Salomo Regierungsantritt
1027	v.Chr.		Tempelbaubeginn Salomo
990	v.Chr.		Rehabeam Regierungsantritt
990	v.Chr.		Jerobeam Regierungsantritt
725	v.Chr.		Hiskia Regierungsantritt
639	v.Chr.		Josia Regierungsantritt
598	v.Chr.		Jojakim,Jojakin und Zedekia
587	v.Chr.		1.Zerstörung Jerusalems
517	v.Chr.		Beginn der 70 Jahrwochen
34	v.Chr.		Ende der 70 Jahrwochen
4	v.Chr.	Christus	Geburt
9	n.Chr.		Christus 12 Jahre alt im Tempel
30	n.Chr.	Christus	Tod und Wiederauferstehung
70	n.Chr.		2.Zerstörung Jerusalems

Die für mich wichtigsten Erkenntnisse habe ich in der folgenden Tabelle zusammengefasst (Tabelle 2.5.2.):

Ereignis	Jahresangabe
Sintflut	2578 bis 2576 v.d.Z.
Sodom und Gomorrha	2127 v.d.Z.
Exodus	1506 v.d.Z.
Tempelbau unter Salomo	1027 v.d.Z.
Zerstörung des Tempels unter Nebukadnezar	587 v.d.Z.

In dieser Aufstellung fehlt der Turmbau zu Babel, weil dieser nicht genau in der Bibel definiert ist. Da zur Zeit des Peleg die Welt zerteilt wurde (1. Mose, Kap. 10, Vers 25), was eine Folge der Zerstörung des Turmbaus zu Babel war, muss der Turmbau kurz vor der Geburt von Peleg (2477 v. Chr.) stattgefunden haben. Die ergänzte Tabelle würde dann wie folgt aussehen (Tabelle 2.5.3.):

Ereignis	Jahresangabe
Sintflut	2578 bis 2576 v.d.Z.
Turmbau zu Babel	Zwischen 2511 und 2477 v.d.Z.
Sodom und Gomorrha	2127 v.d.Z.
Exodus	1506 v.d.Z.
Tempelbau unter Salomo	1027 v.d.Z.
Zerstörung des Tempels unter Nebukadnezar	587 v.d.Z.

Zusammengefasst würde das folgende Tabelle ergeben (Tabelle 2.5.4.):

Ereignis	Jahresangabe	Faktor Tageslänge	max. Alter der Menschen Errechnet aus Faktor Basis heutige Lebenserwartung 100 Jahre	Tage pro Jahr	Std pro Tag
heute					
		1,00	100	365,2425	24
1.Zerstörung Jerusalem (Nebukadnezar)	587 v.d.Z.				
		0,88	88	375	21,12
Tempelbau	1027 v.d.Z.				
		1,08	108	360	25,92
Exodus	1506 v.d.Z.				
		1,50	150	340	36
Sodom & Gomorrha	2127 v.d.Z.				
		2,34	234	320	56,16
Turmbau zu Babel	Zwischen 2511 und 2477 v.d.Z.				
		4,65	465	300	111,6
01.01. z.Z. der Flut	2578 bis 2576 v.d.Z.				
			1000		
vor der Flut					

Die Wahrscheinlichkeit, dass diese Ereignisse eine gemeinsame Ursache haben könnten, ist meiner Meinung sehr hoch, deshalb ging ich wieder auf die Suche. Von meinen Schlussfolgerungen handelt das nächste Kapitel.

2.6. Mögliche Ursache

Gemäß meiner vorherigen Ausführungen änderte sich anlässlich der großen Ereignisse in der Bibel die Erdumlaufgeschwindigkeit bei gleichbleibender Umlauflänge um die Sonne. Dies hatte eine Änderung der Tagesanzahl pro Jahr zur Folge (Tabelle 2.6.1.):

Ereignis	Jahresangabe	Länge Erdbahn In km	Umlaufgeschwindigkeit In km/h	Tage pro Jahr	Geschwindigkeitsänderung pro Zusätzlichem Tag In km/h
heute					
		940000000	107208	365,2425	1213,18
1.Zerstörung Jerusalem (Nebukadnezar)	587 v.d.Z.				
		940000000	119046	375	1213,18
Tempelbau	1027 v.d.Z.				
		940000000	100848	360	1213,18
Exodus	1506 v.d.Z.				
		940000000	76584	340	1213,18
Sodom & Gomorrha	2127 v.d.Z.				
		940000000	52321	320	1213,18
Turmbau zu Babel	Zwischen 2511 und 2477 v.d.Z.				
		940000000	28057	300	1213,18
01.01. z.Z. der Flut	2578 bis 2576 v.d.Z.				

Außerdem änderte sich gleichzeitig die Rotationsgeschwindigkeit der Erde um ihre eigene Achse, was eine Änderung der Tageslänge zur Folge hatte (Tabelle 2.6.2.):

Ereignis	Jahresangabe	Faktor Tageslänge	Erdrotations- geschwindigkeit am Äquator in km/h	Std pro Tag	zurückgelegte km am Tag
heute					
		1,00	1670	24	40080
1.Zerstörung Jerusalem (Nebukadnezar)	587 v.d.Z.				
		0,88	1898	21,12	40080
Tempelbau	1027 v.d.Z.				
		1,08	1546	25,92	40080
Exodus	1506 v.d.Z.				
		1,50	1113	36	40080
Sodom & Gomorrha	2127 v.d.Z.				
		2,34	714	56,16	40080
Turmbau zu Babel	Zwischen 2511 und 2477 v.d.Z.				
		4,65	359	111,6	40080
01.01. z.Z. der Flut	2578 bis 2576 v.d.Z.				

Da es meiner Meinung nach sehr unwahrscheinlich ist, dass diese Ereignisse verschiedene Ursachen haben, suchte ich nach einem gemeinsamen Grund. Ich suchte also nach einem Ereignis auf Basis eines wiederkehrenden Zeitraumes, das gleichzeitig die Erdrotationsgeschwindigkeit und die Erdumlaufgeschwindigkeit änderte. Aber was konnte das für ein wiederkehrendes Ereignis sein, das so gravierenden Einfluss auf die Erde hatte? Es kann sich meiner Meinung nach nur um ein astronomisches Objekt gehandelt haben, das sich in einer konstanten Umlaufbahn um die Sonne befand, während seines Umlaufes die Erdbahn kreuzte und dadurch diese Veränderungen auslöste.

Durch Probieren kam ich auf einen wiederkehrenden Zeitraum von 350 Tagen á 24 Stunden. Da sich die Länge der Tage änderte, die Anzahl der Stunden jedoch gleich blieb, ergibt sich eine feststehende Umlaufzeit von 8.400 Stunden (350 Tage x 24 Stunden) (Tabelle 2.6.3.):

Ereignis	Faktor	Tage / Periode	Std / Periode
Beginn der Zeitrechnung +01.01.0001			
	1,00	350	8400
1.Zerstörung Jerusalem (Nebukadnezar) -0587			
	0,88	398	8400
Tempelbaubeginn Salomo -1027			
	1,08	324	8400
Exodus -1506			
	1,30	268	8400
Sodom & Gomorrha -2127			
	2,34	150	8400
Turmbau Babel			
	4,65	75	8400
Mitte der Flut -01.01.2576			

In Schritt 2 errechnete ich die Anzahl der in diesem Zeitraum ungefähr vergangenen Perioden (im Zeitraum vergangene Zeit x Tage/Jahr. Tage je Periode = Anzahl der Perioden), z. B.: (587 Jahre - 0 Jahre) x 365,2425 Tage / 350 Tage = 612

Dabei wurde der Zeitpunkt vom Turmbau zu Babel angepasst (siehe Tabelle 2.6.4.):

Ereignis	Faktor	vergangene Jahre seit letztem Ereignis	Tage/Jahr	Tage / Periode	Anzahl Perioden
Beginn der Zeitrechnung +01.01.0001					
	1,00	587,00	365,24	350	612,56
1.Zerstörung Jerusalem (Nebukadnezar) -0587					
	0,88	440,00	375,00	398	414,86
Tempelbaubeginn Salomo -1027					
	1,08	479,00	360,00	324	532,10
Exodus -1506					
	1,30	621,00	340,00	268	786,83
Sodom & Gomorrha -2127					
	2,34	359,00	320,00	150	767,83
Turmbau Babel -2486					
	4,65	90,00	300,00	75	358,96
Mitte der Flut -01.01.2576					

In Schritt 3 wurden die in diesem Zeitraum vergangenen Gesamttage errechnet (Tage je Periode x Anzahl der Perioden = Gesamttage), z. B.: 350 Tage je Periode x 612 Perioden = 214.200 Tage (Tabelle 2.6.5.):

Ereignis	Faktor	Tage / Periode	Anzahl Perioden	Gesamt-tage
Beginn der Zeitrechnung +01.01.0001				
	1,00	350	612	214200
1.Zerstörung Jerusalem (Nebukadnezar) -0587				
	0,88	398	415	165057
Tempelbaubeginn Salomo -1027				
	1,08	324	532	172407
Exodus -1506				
	1,30	268	787	211186
Sodom & Gomorrha -2127				
	2,34	150	768	114906
Turmbau Babel -2486				
	4,65	75	360	27078
Mitte der Flut -01.01.2576				

In Schritt 4 wurden die real vergangenen Jahre in diesem Zeitraum errechnet (Gesamttage im Zeitraum / Tage pro Jahr im Zeitraum = real vergangene Jahre), z. B.: 214.200 Tage / 365,2425 Tage pro Jahr = 586,46 Jahre (Tabelle 2.6.6.):

Ereignis	Faktor	Tage / Periode	Anzahl Perioden	Gesamt-tage	Tage/Jahr	Jahre realer Kalender
Beginn der Zeitrechnung +01.01.0001						
	1,00	350	612	214200	365,24	586,46
1.Zerstörung Jerusalem (Nebukadnezar) -0587						
	0,88	398	415	165057	375	440,15
Tempelbaubeginn Salomo -1027						
	1,08	324	532	172407	360	478,91
Exodus -1506						
	1,30	268	787	211186	340	621,14
Sodom & Gomorrha -2127						
	2,34	150	768	114906	320	359,08
Turmbau Babel -2486						
	4,65	75	360	27078	300	90,26
Mitte der Flut -01.01.2576						

In Schritt 5 wurden die bei diesen errechneten Jahren entstandenen Kommastellen in Tage umgerechnet (Kommastellen x Tage pro Jahr im Zeitraum = verbleibende Tage), z. B.: 0,46 x 365,2425 Tage = 168,01 Tage (Tabelle 2.6.7.):

Ereignis	Faktor	Tage / Periode	Std / Periode	Anzahl Perioden	Gesamt-tage	Tage/Jahr	Jahre	Kalenderart
Beginn der Zeitrechnung +01.01.0001								
586 Jahre und 168,01 Tage	1,00	350	8400	612	214200	365,24	586,46	heutiger Kalender
1.Zerstörung Jerusalem (Nebukadnezar)								
440 Jahre und 56,25 Tage	0,88	398	8400	415	165057	375	440,15	Kalender nach Herodot (12 Monate a 30 Tage und alle 2 Jahre Zusatzmonat)
Tempelbaubeginn Salomo								
480 Jahre und 255,60 Tage	1,08	324	8400	532	172407	360	478,91	12 Monate a 30 Tage
Exodus								
618 Jahre und 267,80 Tage	1,30	268	8400	787	211186	340	621,14	12 Monate a 30 Tage und alle 3 Jahre 1 Mindermonat (ähnlich Herodot)
Sodom & Gomorrha								
360 Jahre und 6,40 Tage	2,34	150	8400	768	114906	320	359,08	10 Monate a 30 Tage und in 2 von 3 Jahren 1 Zusatzmonat (ähnlich Herodot)
Turmbau Babel								
90 Jahre und 78 Tage	4,65	75	8400	360	27078	300	90,26	10 Monate a 30 Tage
Mitte der Flut -01.01.2576								

Summe
2576,00

Das dadurch entstandene Gesamtergebnis wurde dann zu dem Tag des Basisereignisses hinzugerechnet. Gegebenenfalls wurde das Ergebnis um eine Periode korrigiert und der Zeitpunkt vom Turmbau zu Babel wurde entsprechend angepasst.

Das Ergebnis ist auf jeden Fall ein Datum für die bisher nur theoretisch angenommene Jahresangabe vom nächsten Ereignis, z. B. 01.01.0001 nach Beginn unserer Zeitrechnung (dieser Tag folgt auf den 31.12.0001 vor unserer Zeitrechnung) minus 586 Jahre und 168 Tage = -16.07.0587 (Tabelle 2.6.8.).

tatsächlicher Kalender						
Ereignis	Jahre realer Kalender	aufsummierte Jahre	Gesamt-stunden	aufsummierte Stunden	Tage/ Jahr	Std/ Tag
Beginn der Zeitrechnung +01.01.0001						
586 Jahre und 168,01 Tage	586,46	586,46	5140800	5140800	365,24	24,00
1.Zerstörung Jerusalem (Nebukadnezar) -16.07.0587					370,51	
440 Jahre und 56,25 Tage	440,15	1026,61	3486000	8626800	375	21,12
Tempelbaubeginn Salomo -20.05.1027					369,15	
478 Jahre und 327,6 Tage	478,91	1505,52	4468800	13095600	360	25,92
Exodus -13.06.1506					350,4	
621 Jahre und 47,60 Tage	621,14	2126,66	6610800	19706400	340	31,3032
Sodom & Gomorrha -19.04.2127					333,2	
359 Jahre und 25,60 Tage	359,08	2485,74	6451200	26157600	320	56,1432
Turmbau Babel -27.08.2486					314,8	
90 Jahre und 78 Tage	90,26	2576,00	3024000	29181600	300	111,6768
Ende der Flut -01.01.2576						

2.7. Die Kalenderfrage

Dieses alle 8.400 Stunden wiederkehrende Ereignis prägte die Zeit von der Sintflut bis zum Beginn unserer heutigen Zeitrechnung.

Es beschäftigte mich schon lange, wieso es gerade vor ca. 2000 Jahren zu einem neuen Kalender kam, obwohl es heute ziemlich sicher erwiesen ist, dass der Beginn der neuen Zeitrechnung nicht der Geburtstag von Jesus Christus ist. Einen neuen Kalender braucht man meiner Meinung nach nur, wenn der bisherige Kalender nicht mehr passt. Man fängt ihn auch nicht irgendwann an, sondern er beginnt genau an dem Tag, an dem der alte Kalender aufhört. Da aber zu diesem Zeitpunkt keine Änderung der Tageslänge oder Jahreslänge der Erde stattgefunden hat, muss es einen anderen Grund dafür gegeben haben.

Doch welcher Kalender ging denn dann zu Ende? Es muss ein Kalender auf Basis der 8.400 Stunden (oder 350 Tage á 24 Stunden) gewesen sein, der mit dem Beginn unserer heutigen Zeitrechnung hinfällig wurde, weil dieses wiederkehrende Ereignis nicht mehr stattfand.

Ich bezeichne diesen Kalender, der meiner Meinung nach existiert haben muss, als den *Vergessenen Kalender* (Tabelle 2.7.1.):

Vergessener Kalender 350 Tage/Jahr und 24 Std/Tag oder 8400 Std/Jahr				
Ereignis	Jahre vergessener Kalender	aufsummierte Jahre	Gesamtstunden	aufsummierte Stunden
Beginn der Zeitrechnung +01.01.0001				
612 Jahre	612	612	5140800	5140800
1.Zerstörung Jerusalem (Nebukadnezar) -01.01.0612				
415 Jahre	415	1027	3486000	8626800
Tempelbaubeginn Salomo -01.01.1027				
532 Jahre	532	1559	4468800	13095600
Exodus -01.01.1559				
787 Jahre	787	2346	6610800	19706400
Sodom & Gomorrha -01.01.2346				
768 Jahre	768	3114	6451200	26157600
Turmbau Babel -01.01.3114				
360 Jahre	360	3474	3024000	29181600
Ende der Flut -01.01.3474				

Wundersamerweise entsprechen die 2.576 Jahre des tatsächlichen Kalenders mit den unterschiedlichen Jahres- und Tageslängen genau 3.474 Jahren eines kontinuierlichen Kalenders mit 350 Tagen á 24 Stunden (Tabelle 2.7.2.):

47

Vergessener Kalender 350 Tage/Jahr und 24 Std/Tag oder 8400 Std/Jahr		tatsächlicher Kalender	
Ereignis	Gesamt-Stunden (aufsummiert)	Ereignis	Gesamt-Stunden (aufsummiert)
Beginn der Zeitrechnung +01.01.0001		Beginn der Zeitrechnung +01.01.0001	
612 Jahre	5140800	586 Jahre und 168,01 Tage	5140800
1.Zerstörung Jerusalem (Nebukadnezar) -01.01.0612		1.Zerstörung Jerusalem (Nebukadnezar) -16.07.0587	
415 Jahre	3486000 (8626800)	440 Jahre und 56,25 Tage	3486000 (8626800)
Tempelbaubeginn Salomo -01.01.1027		Tempelbaubeginn Salomo -20.05.1027	
532 Jahre	4468800 (13095600)	478 Jahre und 327,6 Tage	4468800 (13095600)
Exodus -01.01.1559		Exodus -13.06.1506	
787 Jahre	6610800 (19706400)	621 Jahre und 47,60 Tage	6610800 (19706400)
Sodom & Gomorrha -01.01.2346		Sodom & Gomorrha -19.04.2127	
768 Jahre	6451200 (26157600)	359 Jahre und 25,60 Tage	6451200 (26157600)
Turmbau Babel -01.01.3114		Turmbau Babel -27.08.2486	
360 Jahre	3024000 (29181600)	90 Jahre und 78 Tage	3024000 (29181600)
Ende der Flut -01.01.3474		Ende der Flut -01.01.2576	

Zur besseren Verständlichkeit habe ich einen dritten Kalender, nämlich unseren heutigen 365,2425-Tage-Kalender hinzugefügt (Tabelle 2.7.3.):

Vergessener Kalender 350 Tage/Jahr und 24 Std/Tag oder 8400 Std/Jahr		tatsächlicher Kalender		Heutiger Kalender 365,2425 Tage/Jahr und 24 Std/Tag	
Ereignis	Gesamt-stunden (aufsummiert)	Ereignis	Gesamt-stunden (aufsummiert)	Ereignis	Gesamt-stunden (aufsummiert)
Beginn der Zeitrechnung +01.01.0001		Beginn der Zeitrechnung +01.01.0001		Beginn der Zeitrechnung +01.01.0001	
612 Jahre	5140800	586 Jahre und 168,01 Tage	5140800	586 Jahre und 168,01 Tage	5140800
1.Zerstörung Jerusalem (Nebukadnezar) -01.01.0612		1.Zerstörung Jerusalem (Nebukadnezar) -16.07.0587		1.Zerstörung Jerusalem (Nebukadnezar) -16.07.0587	
415 Jahre	3486000 (8626800)	440 Jahre und 56,25 Tage	3486000 (8626800)	397 Jahre 248,36 Tage	3486000 (8626800)
Tempelbaubeginn Salomo -01.01.1027		Tempelbaubeginn Salomo -20.05.1027		Tempelbaubeginn Salomo -10.11.985	
532 Jahre	4468800 (13095600)	478 Jahre und 327,6 Tage	4468800 (13095600)	509 Jahre 292,19 Tage	4468800 (13095600)
Exodus -01.01.1559		Exodus -13.06.1506		Exodus -22.01.1494	
787 Jahre	6610800 (19706400)	621 Jahre und 47,60 Tage	6610800 (19706400)	754 Jahre 58,44 Tage	6610800 (19706400)
Sodom & Gomorrha -01.01.2346		Sodom & Gomorrha -19.04.2127		Sodom & Gomorrha -25.11.2249	
768 Jahre	6451200 (26157600)	359 Jahre und 25,60 Tage	6451200 (26157600)	735 Jahre 346,98 Tage	6451200 (26157600)
Turmbau Babel -01.01.3114		Turmbau Babel -27.08.2486		Turmbau Babel -13.12.2985	
360 Jahre	3024000 (29181600)	90 Jahre und 78 Tage	3024000 (29181600)	344 Jahre 357,94 Tage	3024000 (29181600)
Ende der Flut -01.01.3474		Ende der Flut -01.01.2576		Ende der Flut -20.12.3330	

2.8. Schlussfolgerung

Da es meiner Meinung nach sehr unwahrscheinlich ist, dass die von mir aufgezeigten Zusammenhänge alle nur auf Zufälligkeiten beruhen, stelle ich folgende Behauptung auf:

Ein Lebensjahr ist immer die Zeit, die vergeht, die ein Lebewesen auf einem Planeten für den Umlauf um die Sonne erlebt. Dabei ist es unerheblich, wie schnell oder in welcher Entfernung sich der Planet um die Sonne bewegt. Ausschlaggebend ist der Zeitpunkt der Zeugung des Lebewesens.

Das in Tabelle 2.5.1. nicht passende Lebensalter von Isaak ist ein Beispiel dafür. Isaak wurde im Jahr nach der Katastrophe von Sodom und Gomorrha geboren, seine Zeugung muss meiner Meinung nach aber davor stattgefunden haben.

3. Die größte Katastrophe der Menschheit

3.1. Überlegungen

Seit ich das erste Mal von der Sintflut hörte, denke ich darüber nach, was das wohl für ein Ereignis war. Nach Aussage der Bibel muss es eine gewaltige Katastrophe gewesen sein, die am 17. des 2. Monats, als Noah 600 Jahre alt war, begann und bis zum 27. des 2. Monats des folgenden Jahres dauerte. Wenn die Sintflut tatsächlich stattgefunden hat, kann sie meiner Meinung nach nur ein astronomisches Ereignis gewesen sein, das weltweit gravierende Auswirkungen mit sich brachte.

Der 1. Abschnitt der Sintflut ist in der Bibel wie folgt beschrieben:

1. Mose, Kapitel 7, Vers 11
In dem sechshundertsten Jahr des Alters Noahs, am siebzehnten Tage des zweiten Monats, das ist der Tag, da aufbrachen alle Brunnen der großen Tiefe, und taten sich auf die Fenster des Himmels.

1. Mose, Kapitel 8, Verse 2–4
... und die Brunnen der Tiefe wurden verstopft samt den Fenstern des Himmels, und dem Regen vom Himmel ward gewehrt; und das Gewässer verlief sich von der Erde immer mehr und nahm ab nach hundertfünfzig Tagen. Am siebzehnten Tage des siebenten Monats ließ sich der Kasten nieder auf das Gebirge Ararat.

Nach diesen Aussagen dauerte dieser 1. Abschnitt der Sintflut also genau 5 Monate (oder 150 Tage), vom 17.02. bis zum 17.07., als Noah 600 Jahre alt war. Ursache für den gewaltigen Anstieg des Wasserstandes auf der Erde war Wasser, das gleichzeitig aus der Erde und vom Himmel kam. Das Wasser, das aus dem Himmel kam, lässt sich leicht durch extrem starke Regenfälle infolge einer Klimaveränderung erklären. Aber ist es überhaupt möglich, dass der hier beschriebene Meeresspiegel 150 Tage lang gewaltig angestiegen ist? Die einzige vorstellbare Lösung wäre, wenn die Erde infolge eines astronomischen Ereignisses am 17.02. langsam aufgehört hätte, sich um ihre eigene Achse zu drehen. Ein zweites astronomisches Ereignis müsste dann am 17.07. wieder eine Drehbewegung in Gang gesetzt haben.

3.2. Der Stillstand der Erde

Eine interessante Frage, die ich mir stellte, lautete: *Was würde eigentlich passieren, wenn die Erde aufhört, sich um ihre eigene Achse zu drehen?*
Bei meinen Recherchen stieß ich auf den Wissenschaftler Witold Fraczek von der Firma *Esri*. In einer Simulation beschreibt er detailliert was geschähe, wenn die Erdrotation sich verlangsamen würde, bis sie schließlich ganz aufhört. Eine ausführliche Interpretation finden Sie unter www.esri.com.
Die Wissenschaft ist sich heute einig, dass die Erdrotation durch mehrere Faktoren beeinflusst wird. Die Hauptfaktoren sind wahrscheinlich die eigene Schwerkraft der Erde und ein verschobener Erdkern. Wenn jetzt durch ein astronomisches Ereignis die Ursache für die Erdrotation (wahrscheinlich der verschobene Erdkern) verändert wird, ändert sich automatisch die durch den Drehimpuls entstandene Fliehkraft.

Zur Zeit hat die Erde nur annähernd die Form einer Kugel, infolge der Fliehkraft eher die Form einer Melone. Stark übertrieben sieht die Erde bezüglich des Wasserstandes ungefähr so aus (Skizze 3.2.1.):

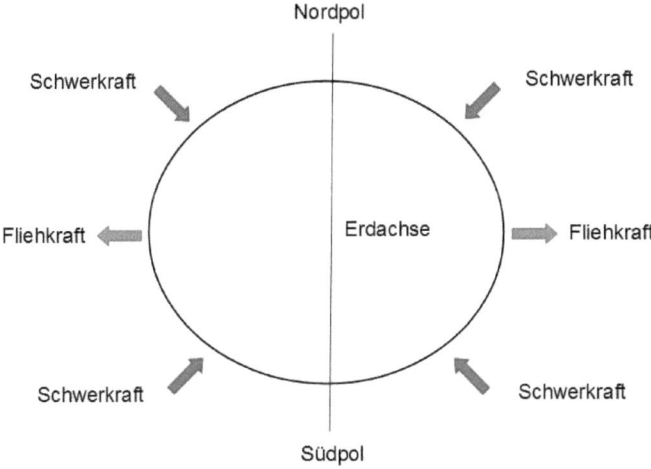

Wenn jetzt die Fliehkraft langsam abnehmen würde, müssten sich die Wassermassen der Erde infolge der Schwerkraft gleichmäßig auf der Erde verteilen, und zwar so, dass überall der Abstand vom Wasserstand zum Erdmittelpunkt gleich ist und die genaue Form einer Kugel entsteht. Das würde bedeuten, dass gewaltige Wassermassen, die sich zur Zeit durch die Fliehkraft am Äquator befinden, sich zum Nord- und Südpol bewegen würden. Dadurch würden am Äquator durch das Abfließen des Wassers gewaltige Gebirge entstehen, an den Polen dagegen entstünden riesige Ozeane.

Erdform bei Stillstand der Erdrotation (Skizze 3.2.2.):

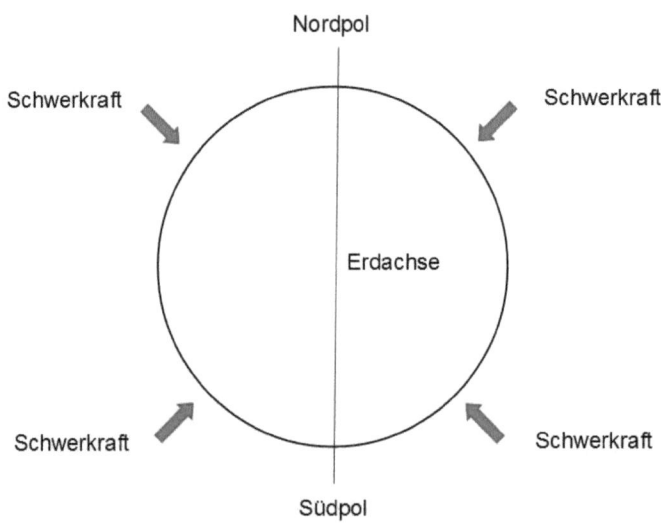

Der Äquatordurchmesser der Erde beträgt derzeit 12.756,32 km, der Poldurchmesser dagegen nur 12.713,55 km (Quelle: Wikipedia). Das würde bei einem Stillstand der Erdrotation eine Minderung des Wasserstandes am Äquator von ca. zehn Kilometern und gleichzeitig eine Erhöhung des Wasserstandes an den Polen um ebenfalls zehn Kilometer bedeuten.

Wenn also die Erdrotation aufgehört hat und alles Wasser vom Äquator zu den Polen geflossen ist, hätte sich die Arche (Startpunkt: eine Stadt zwischen Euphrat und Tigris) nach Norden, genau auf den Ararat zubewegt: *Am siebzehnten Tag des siebenten Monats ließ sich die Arche nieder auf das Gebirge Ararat.*

Auch wenn diese Theorie noch so unwahrscheinlich klingt, so ist sie doch die bisher einzige mögliche Erklärung für die Aussage in der Bibel, dass das Wasser von oben und von unten kam.

Einen Hinweis auf die Ursache für den Beginn der Sintflut habe ich in der Bibel nicht gefunden. Aber im Gilgamesch-Epos, der alten, in Keilschrift niedergeschriebenen Geschichte, die unter anderem wahrscheinlich auch von der gleichen Sintflut handelt, steht auf Tafel 11 in Zeile 109 geschrieben: *Einen Tag lang ... der Südsturm ...* (Quelle: Arthur Ungnad, *Das Gilgamesch-Epos*)

Als Ursache für die Beendigung des 1. Teils der Sintflut habe ich zwei Hinweise gefunden. In der Genesis steht dazu: *... und ließ Wind auf Erden kommen und die Wasser fielen.* (1. Mose, Kapitel 8, Vers 1) Im Gilgamesch-Epos heißt es: *Als der siebente Tag herbeikam, ließ ab der Südsturm* (der Zyklon) *im Kampfe.*

Auf die Zeitangaben im Gilgamesch-Epos gehe ich in Kapitel 5 ein.

3.3. Dauer der Sintflut

In der Genesis begann sie am 17. Tag des 2. Monats, als Noah 600 Jahre alt war, und dauerte bis zum 27.02. im 601. Jahr des Alters von Noah. Da im Folgenden 150 Tage 5 Monate entsprechen, gehe ich davon aus, dass hier die Dauer der Flut mit 1 Jahr und 10 Tagen angegeben ist.

Meiner Meinung nach bestand zum Zeitpunkt der Sintflut ein Jahr aus 300 Tagen (10 Monate á 30 Tage). Damit würde der Zeitraum vom 17.02. bis zum 17.07. und vom 17.07. bis zum 27.02. des Folgejahres einem Zeitraum von 0,5 Jahren bzw. von 0,5 Jahren und 10 Tagen entsprechen. Gleichzeitig wäre dies eine Erklärung für unsere heutige kuriose Bezeichnung der Monatsnamen. Bisher konnte niemand sinnvoll erklären, wieso z. B. der Dezember aus dem lateinischen Wort für zehn hervorging (Tabelle 3.3.1.):

	Ur-Kalender	Alter Römischer Kalender	Julianischer Kalender
	Monatsname	Monatsname	Monatsname
1. Monat	Martius	Martius	Januar
2. Monat	Aprilis	Aprilis	Februar
3. Monat	Maius	Maius	März
4. Monat	Junius	Junius	April
5. Monat	Quintilis, Lat. „der fünfte"	Quintilis, Lat. „der fünfte"	Mai
6. Monat	Sextilis, Lat. „der sechste"	Sextilis, Lat. „der sechste"	Juni
7. Monat	September, Lat. „der siebte"	September, Lat. „der siebte"	Juli
8. Monat	October, Lat. „der achte"	October, Lat. „der achte"	August
9. Monat	November, Lat. „der neunte"	November, Lat. „der neunte"	September
10. Monat	December, Lat. „der zehnte"	December, Lat. „der zehnte"	Oktober
11. Monat		Ianuarius	November
12. Monat		Februarius	Dezember

Wie sich das Jahr von 300 Tagen zum Zeitpunkt der Sintflut bis zu den heutigen 365,2425 Tagen entwickelte, habe ich im 2. Kapitel erläutert. Demnach bestand ein Jahr am 01.01., während der Flut, aus 300 Tagen und ein Tag hatte 24 Stunden x 4,65 = 111,6 Stunden. Welche Möglichkeiten einer astronomischen Katastrophe, die einen Erdstillstand auslösen konnte, gab es aber wirklich und wie lang war ein Tag vor dieser Katastrophe?

3.4. Verlauf der Sintflut

Wie in Kapitel 2 bereits geschrieben, ist die einzige Aussage, die über den Beginn bzw. das Ende der ersten 150 Tage der Sintflut gemacht wird, ein Wind, ein Sturm bzw. ein Orkan. Welches astronomische Ereignis kann damit gemeint sein?
Der durch seine umstrittenen Theorien bekannt gewordene Zecharia Sitchin behauptet in seinem Buch *Der zwölfte Planet*, dass die im Enuma Elisch (älteste bekannte Schöpfungsgeschichte) aufgeführten Winde (u. a. Nordwind, Ostwind, Südwind und Westwind) Sa-

56

telliten bzw. Monde von Planeten sind. Eine Fastkollision von Himmelskörpern und die damit entstehenden gewaltigen Kräfte sind für mich die wahrscheinlichste Erklärung dafür.

Es stellt sich nun die Frage: Was passierte in diesen 150 Tagen und aus wie vielen Stunden bestand ein Tag zu dieser Zeit?

Nachdem ich viele Optionen durchgespielt hatte, blieben nur zwei Möglichkeiten übrig.

1. Möglichkeit:
Die Erde befand sich die ganze Zeit auf ihrer heutigen Umlaufbahn (940.000.000 km lang) und der Tag bestand aus ca. 240 Stunden (24 Stunden x 10). Aber danach kam ich hier nicht weiter.

2. Möglichkeit:
Da ich im Hinterkopf die Vorstellung hatte, dass die vorherige Position der Erde irgendwo in der Nähe des Asteroidengürtels zwischen Mars und Jupiter gewesen sein könnte, berechnete ich mal spaßeshalber einen möglichen Faktor für die Tageslänge, wenn sich die Erde beim Jupiter befunden hätte. Ich nahm die Umlaufzeit des Jupiters um die Sonne und teilte sie durch meine während der Sintflut angenommene Umlaufzeit der Erde um die Sonne von 300 Tagen:
4.339 Tage / 300 Tage = 14,43

Als ich das Ergebnis mit den Umlaufzeiten der Jupitermonde verglich, war ich überrascht. Anhand der Umlaufzeit würde die Erde genau auf die Stelle des 4. Jupitermondes (Kallisto) passen (Tabelle 3.4.1.1.):

Jupitermonde (nach der Sintflut)

Name	Io	Europa	Ganymed	Kallisto
Umlaufzeit (Tage)	1,76	3,55	7,16	16,69
Umlaufzeit (Std)	42,24	85,2	171,84	400,56
Verhältnis	½	½	½	3/7
Abstand Jupiter km	412800	671100	1070400	1882700
Bahnlänge km	2592384	4214508	6722112	11823356
Geschwindigkeit km/h	61373	49466	39118	29517

Wenn also, wie im Gilgamesch-Epos geschrieben, der Südsturm oder Südwind (Südmond) mit heutigem Namen *Kallisto* heißen würde und die Sintflut ausgelöst hätte, indem er die Erde von ihrer Umlaufbahn um den Jupiter verdrängte und ihre Stelle einnahm, würde die Tabelle geändert ungefähr so aussehen (Tabelle 3.4.1.2.):

Jupitermonde (vor der Sintflut)

Name	Io	Europa	Ganymed	Erde
Umlaufzeit (Tage)	1,76	3,55	7,16	14,43
Umlaufzeit (Std)	42,24	85,2	171,84	346,32
Verhältnis	½	½	½	½
Abstand Jupiter km	412800	671100	1070400	
Bahnlänge km	2592384	4214508	6722112	
Geschwindigkeit km/h	61373	49466	39118	

Ein Tag vor der Sintflut wäre 14,43-mal so lang gewesen wie ein heutiger Tag (14,43 x 24 Stunden = 346,32 Stunden) und würde einem Umlauf um den Jupiter entsprechen.

Ein Jahr würde aus 300 Umläufen der Erde um den Jupiter (Tage zu 346,32 Stunden) bestehen. (14,43 x 300 Tage = 4.339 Tage zu 24 Stunden).

Wäre Leben zu dieser Zeit und an diesem Ort überhaupt möglich gewesen? Ich denke schon, denn bereits heute ist bekannt, dass auf dem Jupitermond *Europa* Wasser und eine Atmosphäre in geringem Ausmaß vorhanden sind.

Da die Erdatmosphäre, wie wir sie heute kennen, wahrscheinlich bereits vorhanden war, bleibt als Hauptproblem die Temperatur. Da aufgrund der Entfernung die Sonne als Wärmespender ausfällt, kommt nur Jupiter selbst als Wärmequelle in Betracht. Dies würde aber auch bedeuten, dass nur die dem Jupiter ständig zugekehrte Seite für Leben geeignet gewesen wäre, während auf der Hinterseite eisige Temperaturen geherrscht hätten (vorausgesetzt, es ist wie bei unserem Mond, von dem immer nur dieselbe Seite zur Erde zeigt).

Da meiner Meinung nach die zweite Möglichkeit nicht ausgeschlossen werden kann, verfolgte ich diese Idee weiter und stellte die im folgenden Kapitel mit Skizzen untermauerte Theorie auf.

3.5. Der Verlauf der Sintflut als Skizze

3.5.1. Stand der Erde am 01.01. vor der Sintflut

Vor der Sintflut befand sich die Erde in einer Umlaufbahn um den Jupiter. Sie befand sich genau an der Stelle, wo sich heute der 4. Mond *Kallisto* befindet (Bild 3.5.1.):

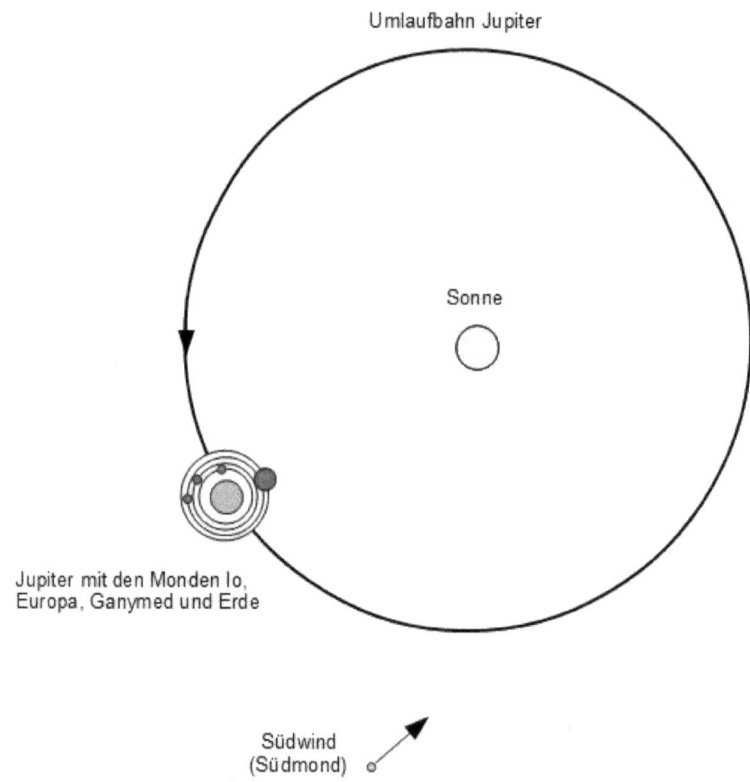

Umlaufbahn Jupiter

Sonne

Jupiter mit den Monden Io,
Europa, Ganymed und Erde

Südwind
(Südmond)

3.5.2. Stand der Erde am 17.02. zu Beginn der Sintflut

Die Ursache für den Beginn der Sintflut war die Fastkollision eines astronomischen Objektes mit der Erde. Dieses Objekt wird im Gilgamesch-Epos als *Südwind* bezeichnet. Dieses Objekt, das wir heute als den 4. Mond Jupiters unter dem Namen *Kallisto* kennen, traf dabei auf die Erde.

Dies hatte zur Folge, dass die Erde ihre bisherige Umlaufbahn verließ. Außerdem beeinflusste diese Fastkollision die Erdrotation so stark, dass diese immer langsamer wurde und wahrscheinlich schließlich ganz aufhörte (Bild 3.5.2.):

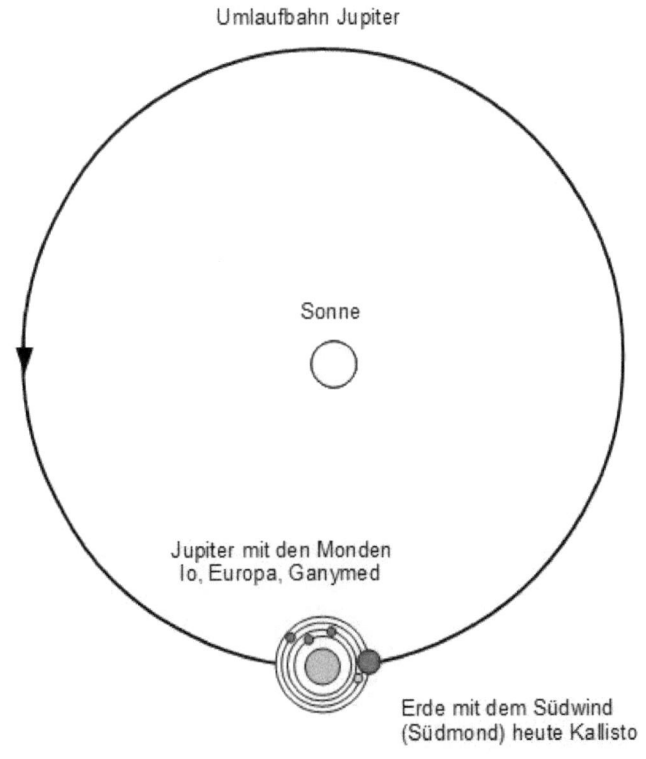

Umlaufbahn Jupiter

Sonne

Jupiter mit den Monden
Io, Europa, Ganymed

Erde mit dem Südwind
(Südmond) heute Kallisto

3.5.3. Stand der Erde ca. am 01.04. während der Sintflut

Dabei wurde, wie beim Billard, die Erde weggeschoben und Kallisto nahm ihren Platz ein. Die Erde bewegte sich ab diesem Zeitpunkt mit ihrer bisherigen Umlaufgeschwindigkeit in Richtung Zentrum unseres Sonnensystems (Bild 3.5.3.):

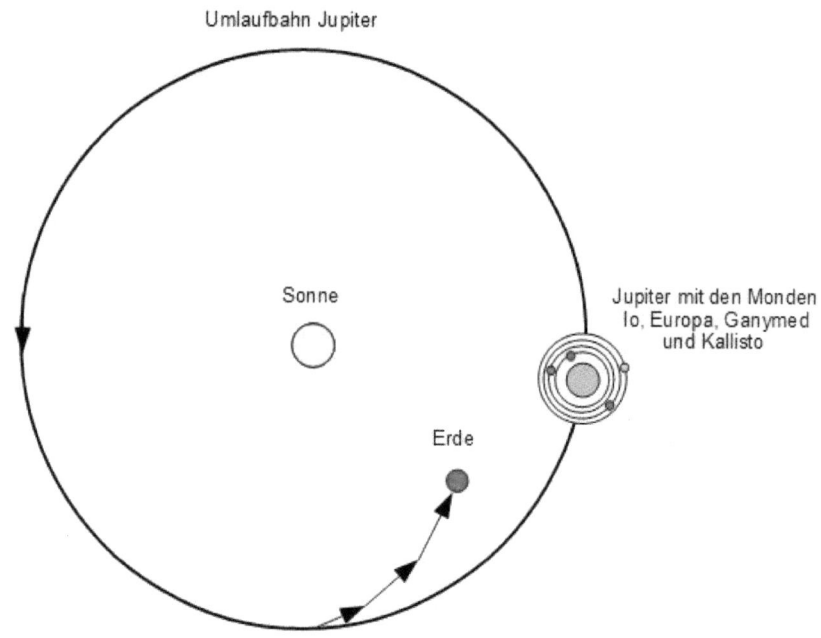

3.5.4. Stand der Erde am 17.07. während der Sintflut

Nach einer Reise von 150 Tagen (nach dem alten Kalender) – oder genauer: 0,5 Jahren – traf die Erde auf unseren Mond, der sich bereits auf seiner heutigen Umlaufbahn befand. Dieses Zusammentreffen führte dazu, dass die Erde in die Umlaufbahn des Mondes einschwenkte. Außerdem setzte durch diesen Vorfall die Erdrotation wieder ein.

Unser Mond wird meiner Meinung nach in der Bibel als Wind und im Gilgamesch-Epos als Orkan bezeichnet.

Ein Jahr besteht bis zu diesem Zeitpunkt aus 300 Tagen zu 14,43 x 24 Stunden. Ab diesem Zeitpunkt besteht das Jahr aus 300 Tagen zu 4,65 x 24 Stunden (Bild 3.5.4.):

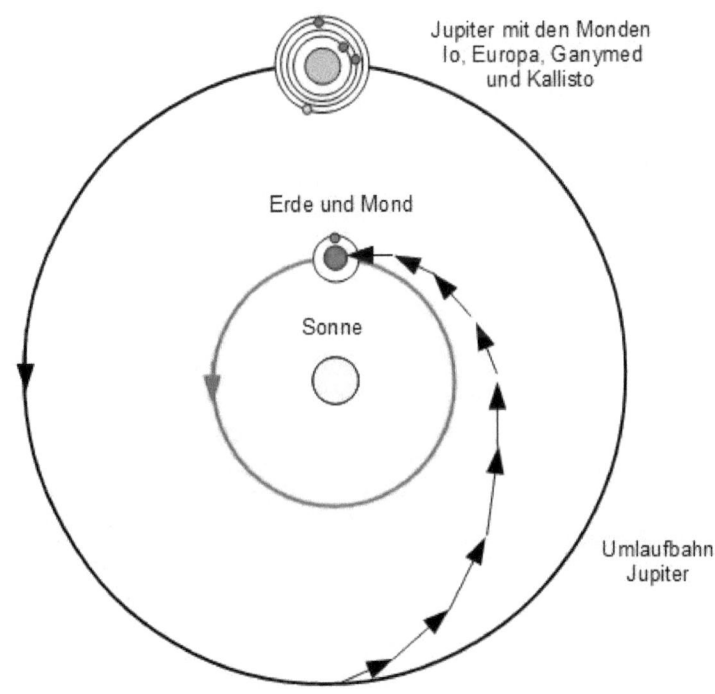

Jupiter mit den Monden
Io, Europa, Ganymed
und Kallisto

Erde und Mond

Sonne

Umlaufbahn
Jupiter

3.5.5. Weiterer Verlauf und Stand der Erde am 01.01. des Folgejahres während der Sintflut

Am 17.07. befand sich die Arche in der Nähe des Berges Ararat und man konnte ihn am 01.10. sehen. Wenn also die Erdrotation aufgehört hatte und alles Wasser vom Äquator zu den Polen geflossen war, hätte sich die Arche (Startpunkt: eine Stadt zwischen Euphrat und Tigris) nach Norden genau auf den Ararat zubewegt: *Am siebzehnten Tag des siebenten Monats ließ sich die Arche nieder auf das Gebirge Ararat. Es nahmen aber die Wasser immer mehr ab bis auf den zehnten Monat. Am ersten Tage des zehnten Monats sahen die Spitzen der Berge hervor.* (1. Mose, Kapitel 8, Verse 4–5)

Man konnte also wieder etwas sehen, das heißt: vorher war es dunkel. Im Gilgamesch-Epos auf Tafel 11 in den Zeilen 112 und 113 steht bereits zu Beginn der Sintflut Folgendes: *Nicht sieht einer den andern, nicht sind kenntlich die Leute im Himmel.* (Quelle: Arthur Ungnad, *Das Gilgamesch-Epos*)

Seit Beginn der Sintflut hatten sich gewaltige Wolkenmassen um die Erde gebildet, die außer Regen und Sturm auch eine überlebensfähige Temperatur während des Stillstandes der Erdrotation verursachten.

Es folgen in der Genesis ab dem 01.10. weitere Ereignisse, die noch entschlüsselt werden müssen. Ich bin der Überzeugung, dass es sich dabei um die Einregulierung der Beziehung zwischen Erde und Mond sowie um eine Verschiebung der Erdachse (Verschiebung der Pole) handelte.

Am 01.01. des Folgejahres hatte die Erde etwa folgende Position erreicht und es beginnt ein neuer Zeitabschnitt mit dem *Vergessenen Kalender* (Bild 3.5.5.):

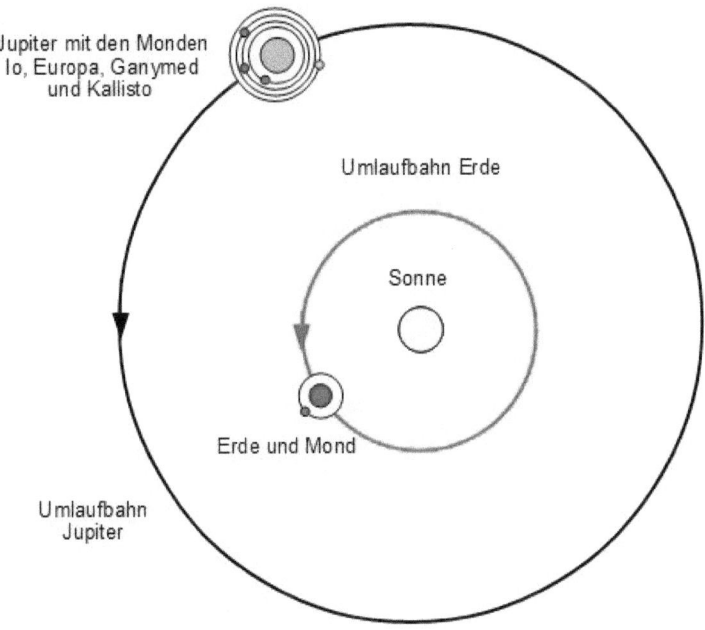

Jupiter mit den Monden
Io, Europa, Ganymed
und Kallisto

Umlaufbahn Erde

Sonne

Erde und Mond

Umlaufbahn
Jupiter

3.5.6. Stand der Erde am 27.02. am Ende der Sintflut

In den folgenden Tagen stabilisierte sich das neu geschaffene System und nahm am 27.02. des Folgejahres fast seinen heutigen Platz in unserem Sonnensystem ein. In dieser Zeit nahm auch der Mond fast seine heutige Position ein (Abstand zur Erde, Umdrehungsgeschwindigkeit etc.) und die Erdachsneigung wurde stabilisiert (Bild 3.5.6.):

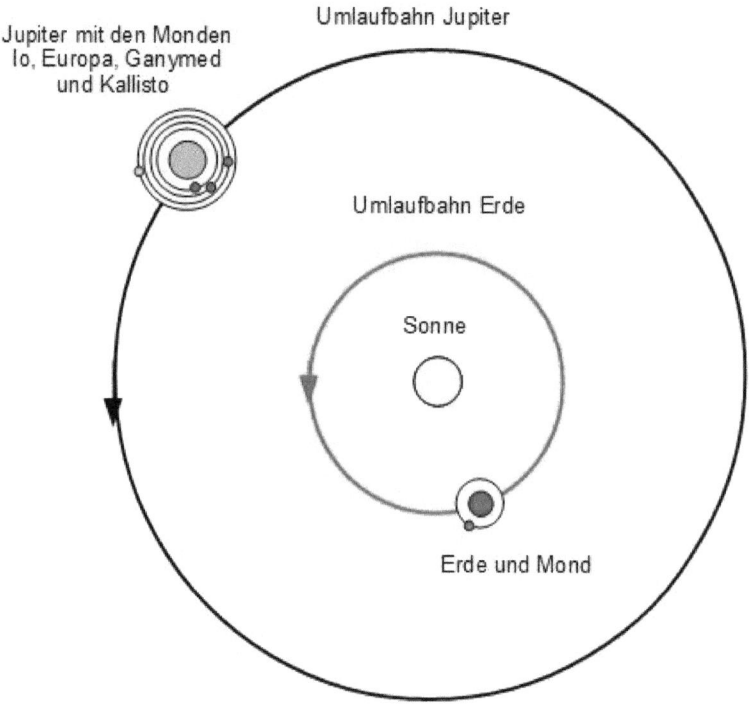

3.6. Berechnung der Geschwindigkeit

3.6.1. Berechnung des zurückgelegten Weges während der ersten 150 Tage

Meines Erachtens müsste ein kontinuierlicher Weg der Erde – von der Umlaufbahn um den Jupiter zu ihrer heutigen Umlaufbahn um die Sonne – genau der mittleren Umlaufbahn zwischen Jupiter und Erde entsprechen.

Umlauflänge Jupiter für 0,5 Jahre (150 Tage):
4.888.000.000 km / 2 = 2.444.000.000 km
Umlauflänge Erde für 0,5 Jahre (150 Tage):
942.000.000 km / 2 = 471.000.000 km
(2.444.000.000 km + 471.000.000 km) / 2 = 1.457.500.000 km

Überprüfung der Berechnung:

Berechnung des mittleren Abstandes zwischen Erde und Jupiter:
(Abstand Jupiter zur Sonne + Abstand Erde zur Sonne) / 2
(778.000.000 km + 150.000.000 km) / 2 = 464.000.000 km

Berechnung der theoretischen Länge dieser Umlaufbahn (Kreisumfang):
464.000.000 km x 2 x 3,1414 = 2.915.000.000 km

Reduzierung auf ein halbes Jahr:
2.915.000.000 km x 0,5 Jahre = 1.457.500.000 km

3.6.2. Berechnung der Geschwindigkeit während dieser Zeit

Zurückgelegter Weg / in dieser Zeit vergangene Stunden:
1.457.500.000 km / 150 Tagen x 24 Stunden x 14,43 = 28.057 km/h

Diese Geschwindigkeit hatte die Erde wahrscheinlich auch vor der Sintflut, als sie noch ein Satellit vom Jupiter war (Tabelle 3.6.2.1.):

Jupitermonde (vor der Sintflut)

Name	Io	Europa	Ganymed	Erde
Umlaufzeit (Tage)	1,76	3,55	7,16	14,43
Umlaufzeit (Std)	42,24	85,2	171,84	346,32
Verhältnis	½	½	½	½
Abstand Jupiter km	412800	671100	1070400	1547245
Bahnlänge km	2592384	4214508	6722112	9716700
Geschwindigkeit km/h	61373	49466	39118	28057

Der Abstand der Erde zum Jupiter und die daraus resultierende Bahnlänge wurden anhand der anderen Monde hochgerechnet.

3.7. Zusammenfassung

Nach ihrer Reise durch unser Sonnensystem befand sich die Erde wieder in einem Zustand, in dem Leben dauerhaft möglich war.

Anbei eine Übersicht der Veränderungen in unserem Sonnensystem (Tabelle 3.7.):

	Abstand zum Jupiter in Mio km	Geschwindigkeit in km/h	Länge Umlaufbahn um den Jupiter d x 3,14 in Mio km
Erde vor der Sintflut am 17.02.	1,55	28057	9,7

	Abstand zur Sonne in Mio km	Geschwindigkeit in km/h	Länge Umlaufbahn um die Sonne d x 3,14 in Mio km
Jupiter vor und nach der Sintflut	778	47052	4888
Erde während der Sintflut vom 17.02. bis 17.07	778 bis 150	28057	1457,5
Erde am 17.07.	150	28057	942

Eine Aussage in der Bibel nach der Sintflut ist sehr interessant:
Gott der Herr spricht: »Solange die Erde steht, soll nicht aufhören Saat und Ernte, Frost und Hitze, Sommer und Winter, Tag und Nacht.« (1. Mose, Kapitel 8, Vers 22) Diese Aussage macht nur Sinn, wenn es vorher anders war! Erinnern wir uns: Sommer und Winter gibt es wegen der Stellung der Erdachse, Tag und Nacht aufgrund der Eigenrotation der Erde. Beides wurde während der Sintflut verändert.

4. Die Zeiten von der Erschaffung des Menschen bis zur Sintflut

4.1. Die Zeitangaben in der Bibel vor der Sintflut

4.1.1. Auszüge aus der Bibel in der Übersetzung Luther 1912
(Quelle: www.bibel-online.net)

1. Mose – Kapitel 5
Geschlechtsregister von Adam bis Noah

1 Dies ist das Buch von des Menschen Geschlecht. Da Gott den Menschen schuf, machte er ihn nach dem Bilde Gottes; 2 und schuf sie einen Mann und ein Weib und segnete sie und hieß ihren Namen Mensch zur Zeit, da sie geschaffen wurden.

3 Und Adam war hundertunddreißig Jahre alt und zeugte einen Sohn, der seinem Bild ähnlich war und hieß ihn Seth4 und lebte darnach achthundert Jahre und zeugte Söhne und Töchter; 5 dass sein ganzes Alter ward neunhundertunddreißig Jahre, und starb.

6 Seth war hundertundfünf Jahre alt und zeugte Enos 7 und lebte darnach achthundertundsieben Jahre und zeugte Söhne und Töchter; 8 dass sein ganzes Alter ward neunhundertundzwölf Jahre, und starb.

9 Enos war neunzig Jahre alt und zeugte Kenan 10 und lebte darnach achthundertundfünfzehn Jahre und zeugte Söhne und Töchter; 11 dass sein ganzes Alter ward neunhundertundfünf Jahre, und starb.

12 Kenan war siebzig Jahre alt und zeugte Mahalaleel 13 und lebte darnach achthundertundvierzig Jahre und zeugte Söhne und Töchter; 14 dass sein ganzes Alter ward neunhundertundzehn Jahre, und starb.

15 Mahalaleel war fünfundsechzig Jahre und zeugte Jared 16 und lebte darnach achthundertunddreißig Jahre und zeugte Söhne und Töchter; 17 dass sein ganzes Alter ward achthundert und fünfundneunzig Jahre, und starb.

18 Jared war hundertzweiundsechzig Jahre alt und zeugte Henoch 19 und er lebte darnach achthundert Jahre und zeugte Söhne und Töchter; 20 dass sein ganzes Alter ward neunhundert und zweiundsechzig Jahre, und starb.

21 Henoch war fünfundsechzig Jahre alt und zeugte Methusalah. 22 Und nachdem er Methusalah gezeugt hatte, blieb er in einem göttlichen Leben dreihundert Jahre und zeugte Söhne und Töchter; 23 dass sein ganzes Alter ward dreihundertfünfundsechzig Jahre. 24 Und dieweil er ein göttliches Leben führte, nahm ihn Gott hinweg, und er ward nicht mehr gesehen.

25 Methusalah war hundertsiebenundachtzig Jahre alt und zeugte Lamech 26 und lebte darnach siebenhundert und zweiundachtzig Jahre und zeugte Söhne und Töchter; 27 dass sein ganzes Alter ward neunhundert und neunundsechzig Jahre, und starb. 28 Lamech war hundertzweiundachtzig Jahre alt und zeugte einen Sohn 29 und hieß ihn Noah und sprach: Der wird uns trösten in unsrer Mühe und Arbeit auf der Erde, die der HERR verflucht hat. 30 Darnach lebte er fünfhundert und fünfundneunzig Jahre und zeugte Söhne und Töchter; 31 dass sein ganzes Alter ward siebenhundert siebenundsiebzig Jahre, und starb.

32 Noah war fünfhundert Jahre alt und zeugte Sem, Ham und Japheth.

Nach meiner Meinung sind diese Aussagen ganz genau durchdacht, durften nie verändert werden und haben demzufolge auch eine genaue Bedeutung.

Dabei ist mir Folgendes aufgefallen:

- Die Verse 1 und 2 handeln vom Beginn der Menschheit mit Adam und Eva.
- Die Verse 3 bis 31 sind einheitlich geschrieben, nur mit anderen Namen und mit anderen Zahlen, von Adam bis zum erreichten Lebensalter von Lamech.

- Die 1. Ausnahme betrifft Henoch im Vers 24: *Und dieweil er ein göttliches Leben führte, nahm ihn Gott hinweg, und er ward nicht mehr gesehen*

Dieses sind alles allgemeine und relativ genaue Zeitangaben.

- Die 2. Ausnahme betrifft Noah im Vers 32: *Noah war 500 Jahre alt und zeugte Sem, Ham und Japheth*

Dieses ist im Gegensatz zu den vorher gemachten Zeitangaben relativ ungenau.

1. Mose – Kapitel 6
Gottessöhne und Menschentöchter

1 Da sich aber die Menschen begannen zu mehren auf Erden und ihnen Töchter geboren wurden, 2 da sahen die Kinder Gottes nach den Töchtern der Menschen, wie sie schön waren, und nahmen zu Weibern, welche sie wollten. 3 Da sprach der HERR: Die Menschen wollen sich von meinem Geist nicht mehr strafen lassen; denn sie sind Fleisch. Ich will ihnen noch Frist geben hundertundzwanzig Jahre. 4 Es waren auch zu den Zeiten Tyrannen auf Erden; denn da die Kinder Gottes zu den Töchtern der Menschen eingingen und sie ihnen Kinder gebaren, wurden daraus Gewaltige in der Welt und berühmte Männer.

Besonders aufgefallen ist mir dabei Vers 3: *Da sprach der HERR: Die Menschen wollen sich von meinem Geist nicht mehr strafen lassen; denn sie sind Fleisch. Ich will ihnen noch Frist geben hundertundzwanzig Jahre.*

Diese Zeitangabe ist nicht allgemein gehalten, sondern kommt direkt von Gott.

1. Mose – Kapitel 7
Die Sintflut

1 Und der HERR sprach zu Noah: Gehe in den Kasten, du und dein ganzes Haus; denn ich habe dich gerecht ersehen vor mir zu dieser Zeit. 2 Aus allerlei reinem Vieh nimm zu dir je sieben und sieben, dass Männlein und sein Weiblein; von dem unreinen Vieh aber je ein Paar, dass Männlein und sein Weiblein. 3 Desgleichen von den Vögeln unter dem Himmel je sieben und sieben, dass Männlein und sein Weiblein, auf daß Same lebendig bleibe auf dem ganzen Erdboden. 4 Denn von nun an über sieben Tage will ich regnen lassen auf Erden vierzig Tage und vierzig Nächte und vertilgen von dem Erdboden alles, was Wesen hat, was ich gemacht habe. 5 Und Noah tat alles, was ihm der HERR gebot. 6 Er war aber sechshundert Jahre alt, da das Wasser der Sintflut große Flut auf Erden kam. 7 Und er ging in den Kasten mit seinen Söhnen, seinem Weibe und seiner Söhne Weibern vor dem Gewässer der Sintflut 8 Von dem reinen Vieh und von dem unreinen, von den Vögeln und von allem Gewürm auf Erden 9 gingen zu ihm in den Kasten paarweise, je ein Männlein und Weiblein, wie ihm Gott geboten hatte. 10 Und da die sieben Tage vergangen waren, kam das Gewässer der Sintflut auf Erden.

Die Sintflut bricht herein

11 In dem sechshundertsten Jahr des Alters Noahs, am siebzehnten Tage des zweiten Monats, dass ist der Tag, da aufbrachen alle Brunnen der großen Tiefe, und taten sich auf die Fenster des Himmels.

Dabei sind mir besonders die Verse 5 und 6 aufgefallen: *Und Noah tat alles, was ihm der HERR gebot. Er war aber sechshundert Jahre alt, da das Wasser der Sintflut große Flut auf Erden kam.*

Dieses ist wieder eine allgemeine und ungenaue Zeitangabe.

Außerdem ist noch der Vers 11 interessant: *In dem sechshundertsten Jahr des Alters Noahs, am siebzehnten Tage des zweiten Monats, das ist der Tag, da aufbrachen alle Brunnen der großen Tiefe, und taten sich auf die Fenster des Himmels.*

Dieses ist zwar eine allgemeine, aber relativ genaue Zeitangabe.

4.1.2. Fragen und mögliche Antworten

Zusammenfassend stellte ich fest, dass eine Aussage (Henoch) direkt von Gott gemacht wurde und die anderen allgemeine Zeitangaben sind. Diese Zeitangabe ist also besonders, deshalb muss sie besonders betrachtet werden. Ich nehme sie deshalb aus der folgenden Betrachtung heraus und gehe erst später wieder darauf ein.

Bei den anderen Zeitangaben fällt die genaue bzw. ungenaue Darstellung auf: Wieso endet im Kapitel 5 der Vers 32 gegenüber den vorherigen Versen so ungenau? Wieso fehlen hier die 100 Jahre bis zur Flut, obwohl das hier doch optimal reinpassen würde? Meiner Meinung nach müssen da Ereignisse stattgefunden haben, die Moses, der es über 1000 Jahre später aufgeschrieben hat, nicht bekannt oder nicht so wichtig gewesen sind, sonst hätte er es wie bei Henoch erwähnt. Auffällig sind auch die ganz geraden Zahlen (Tabelle 4.1.2.):

Ereignis	vergangene Zeit gemäß Genesis	Lebensalter gemäß Genesis
Geburt von Adam	0	930
Geburt von Seth	130	912
Geburt von Enos	105	905
Geburt von Kenan	90	910
Geburt von Mahalalel	70	895
Geburt von Jered	65	962
Geburt von Henoch	162	365
Geburt von Methusalah	65	969
Geburt von Lamech	187	777
Geburt von Noah	182	950
Geburt von Sem	500	600
Sintflut	100	

Um welche Ereignisse es sich hierbei handeln könnte, versuche ich, im nächsten Kapitel herauszufinden.

4.2. Die Königslisten für die Zeit vor der Flut

4.2.1. Allgemeine Angaben zu den Königslisten

Bei Ausgrabungen im Orient wurden mehrere in Keilschrift verfasste Königslisten gefunden. Diese Königslisten beinhalten die Amtsjahre von den im alten Orient regierenden Königen vor und nach der Sintflut.
Leider sind diese Listen meistens nicht vollständig erhalten. Sie beinhalten teilweise Gemeinsamkeiten beim Namen der Könige und für unsere Verhältnisse utopische Regierungszeiten im fünfstelligen Bereich. Diese Regierungszeiten sind zudem noch bei allen gefundenen Listen unterschiedlich und auch die Anzahl der Könige weicht voneinander ab.

Diese Listen sind z. B. unter den Bezeichnungen *WB 444, WB 62, UCBC 9-1X19* bekannt. Die einzige mir bekannte vollständige Liste stammt von Berossos und enthält 10 Könige mit einer Gesamtregierungszeit von 432.000 Jahren. (Quelle: Wikipedia) (siehe Tabelle 4.2.1.):

Name des Königs	Regierungszeit (Jahre)
Aloros	36000
Alaparos	10800
Amelon	46800
Amenon	43200
Megalaros	64800
Daonos	36000
Euedorachos	64800
Amempsinos	36000
Otiartes	28800
Xisuthros	64800
Gesamt: 10 Könige	Gesamt: 432000

Schon viele Menschen vor mir versuchten, einen Zusammenhang zwischen dieser Liste und dem Geschlechtsregister von Adam bis Noah in der Genesis zu finden. Aber trotz einzelner Gemeinsamkeiten (besonders zwischen Xisuthros und Noah) konnte bis jetzt niemand die utopischen Regierungszeiten erklären.

Aber wenn die Erde, wie ich im 3. Kapitel meines Buches beschreibe, sich vor der Sintflut in einer Umlaufbahn um den Jupiter befand, gibt es eine Möglichkeit.

4.3. Ein altes Buch

Bei meiner Suche im Internet nach Informationen über die Königslisten stieß ich auf das Buch *Chronologische Alterthümer der ältesten Königreiche vom Anfange der Welt durch fünf Jahrtausende* von Johann Jackson. Dieses Buch wurde von Christian Ernst von Windheim aus dem Englischen ins Deutsche übersetzt und erschien im Jahre 1756. Dieses Buch ist kostenlos als E-Book im Internet verfügbar und somit für alle Menschen frei zugänglich.

Auf den Seiten 146–155 befindet sich das Kapitel *Die Alterthümer und Zeitrechnung der Babylonier und Chaldäer.* In diesem Kapitel werden auf der Grundlage der im Jahre 278 v. Chr. von Berossos aufgeschriebenen Geschichte der Chaldäer und Babylonier die Zeiten vor der Sintflut erläutert. Berossos bezieht sich dabei auf die ältesten zu seiner Zeit bekannten Schriften, welche im Tempel des Belus in Babylon aufbewahrt wurden. Außerdem sollen diese Aufzeichnungen gemäß Josephus (jüdisch-römischer Geschichtsschreiber, der 37–100 nach Christus lebte) mit den Schriften Moses übereinstimmen.

Dort befindet sich auch das Verzeichnis der chaldäischen Könige vor der Sintflut, was ich für die aussagekräftigste Dokumentation aller bekannten Königslisten halte.

Den Inhalt dieses Verzeichnisses habe ich in Tabelle 4.3.1. übertragen:

Name	Tage (Jahre)	Regierungs-Zeit Saros (/3600)	Regierungs-Zeit Chaldäische Jahre (/360)	Regierungs-zeit vor der Flut	Jahre der Welt	Jahre vor Christus
Aloros	36000	10	100	1183	1073	4353
Alaparos	10800	3	30	1083	1173	4253
Ameton	46800	13	130	1053	1203	4223
Amenon	43200	12	120	923	1333	4093
Megalaros	64800	18	180	803	1453	3973
Daonos	36000	10	100	623	1633	3793
Euedorachos	64800	18	180	523	1733	3693
Amempsinos	36000	10	100	343	1913	3513
Otiartes	28800	8	80	243	2013	3413
Xisuthros	64800	18	180	163	2093	3333
Summe	**432000**	**120**	**1200**			

Berossos kommt zu dem Ergebnis, dass es ein altes chaldäisches Jahr mit 3600 Tagen und ein neues chaldäisches Jahr mit 360 Tagen gegeben haben muss.

Ein altes chaldäisches Jahr entsprach einem Saros (Sar) mit 3600 Tagen, ein Neros war der sechste Teil eines Saros und bestand aus 600 Tagen und ein Sossus war der zehnte Teil eines Neros und bestand aus 60 Tagen. Dabei leitete er das Wort Saros (Sar) vom chaldäischen Wort Sar (zehn) ab.

Außerdem stellte er fest, dass die Chaldäer und später auch die Hebräer in ihren Überlieferungen Tage und Jahre mit ein und demselben Wort bezeichneten. Dieses Wort lautet im Chaldäischen Jomin und im Hebräischen Jamim.

Des Weiteren fällt auf, dass der Beginn der Königsliste (Jahre der Welt) im Jahre 1073 fast genau mit der Geburt von Noah in der Bibel im Jahre 1056 (17 Jahre Unterschied) zusammenfällt. Da Berossos von einem 360-Tage-Jahr ausgeht, ergibt sich hier ein Fehl gegenüber dem heutigen 365,2425-Tage-Jahr mit dem der Autor dieses Buches rechnet. Vor der Sintflut fehlen dagegen bei der Regierungszeit vor der Flut diese 17 Jahre (163 statt 180 Jahre).

365,2425 Tage/Jahr – 360 Tage/Jahr = 5,2425 Tage/Jahr
5,2425 Tage/Jahr x 1200 neue chaldäische Jahre = 6291 Tage
6291 Tage / 360 Tage/Jahr = 17,475 Jahre

Am Ende der Regierungszeit von Xisuthros suchte ich vergeblich nach einer Verbindung zur Bibel.

Als Nächstes fiel mir die Zahl 3333 v. Chr. ins Auge. Zu diesem Zeitpunkt soll Xisuthros als 10. und letzter Herrscher vor der Sintflut regiert haben. Nach dieser Tabelle begann er zu diesem Zeitpunkt mit den Regierungsgeschäften. Da aber keine Nachweise darüber vorliegen, wie der Autor auf die 3333 Jahre kommt, ist es vielleicht auch möglich, dass im Jahr 3333 v. Chr. die Regierungszeit von Xisuthros endet.

Eine Ergänzung meines im 2. Teil dargestellten Vergleichs der Kalender von der Zeit der Sintflut bis zum Beginn der Zeitrechnung ergibt eine erstaunliche Übereinstimmung: Der zehntletzte Tag eines fiktiven Jahres 3330 v. Chr. (gleichbleibendes 365,2425-Tage-Jahr) würde mit dem nach meiner Theorie astronomisch richtigen ersten Tag des Jahres 2576 v. Chr. übereinstimmen. Da die reale Tageslänge am Ende des Jahres 2577 v. Chr. 4,65 x 24 Stunden betrug, würde diese Jahreszahl fast exakt mit dem Anfang der Sintflut übereinstimmen (Tabelle 4.3.2.):

tatsächlicher Kalender		heutiger Kalender 365,2425 Tage/Jahr und 24 Std/Tag	
Ereignis	Gesamt-Stunden (aufsummiert)	Ereignis	Gesamt-Stunden (aufsummiert)
Beginn der Zeitrechnung +01.01.0001		Beginn der Zeitrechnung +01.01.0001	
586 Jahre und 168,01 Tage	5140800	586 Jahre und 168,01 Tage	5140800
1.Zerstörung Jerusalem (Nebukadnezar) -16.07.0587		1.Zerstörung Jerusalem (Nebukadnezar) -16.07.0587	
440 Jahre und 56,25 Tage	3486000 (8626800)	397 Jahre 248,36 Tage	3486000 (8626800)
Tempelbaubeginn Salomo -20.05.1027		Tempelbaubeginn Salomo -10.11.985	
478 Jahre und 327,6 Tage	4468800 (13095600)	509 Jahre 292,19 Tage	4468800 (13095600)
Exodus -13.06.1506		Exodus -22.01.1494	
621 Jahre und 47,60 Tage	6610800 (19706400)	754 Jahre 58,44 Tage	6610800 (19706400)
Sodom & Gomorrha -19.04.2127		Sodom & Gomorrha -25.11.2249	
359 Jahre und 25,60 Tage	6451200 (26157600)	735 Jahre 346,98 Tage	6451200 (26157600)
Turmbau Babel -27.08.2486		Turmbau Babel -13.12.2985	
90 Jahre und 78 Tage	3024000 (29181600)	344 Jahre 357,94 Tage	3024000 (29181600)
Ende der Flut -01.01.2576		Ende der Flut -20.12.3330	

Wie schon viele andere Menschen vor mir, bin ich aufgrund von vielen Gemeinsamkeiten überzeugt, dass Xisuthros dem biblischen Noah entspricht. Anders sieht es mit Aloros, dem ersten Herrscher in der Königsliste aus. Meistens wurde er mit dem biblischen Adam verglichen. Der Autor des Buches, vielleicht auch Berossos, ordnet den Beginn seiner Regierungszeit der Geburt Noahs zu. Es könnte so gewesen sein. Ich glaube allerdings, dass der Beginn von Aloros Regierungszeit 100 Jahre vor Beginn der Sintflut lag. Genau diese Zeit wird in der Bibel nur beiläufig erwähnt.

Von dieser Theorie handelt das nächste Kapitel.

4.4. Zusammenhang zwischen Königsliste und Bibel

Nachdem ich bei der Zuordnung der Königsliste zur Generations-folge von Adam bis Noah gescheitert war, machte ich mir noch einmal Gedanken über meine bekannten Fakten und fasste diese zusammen:

1. Die Königsliste endet genau mit dem Beginn der Flut.
2. 10 Könige regierten zusammen 432.000 Jahre (Tage).
3. Die Sintflut dauert im 1. Teil genau 150 Tage, die 14,43 mal so lang sind, wie ein heutiger 24-Stundentag. Dieses ent-spricht 2164,5 heutige Tage zu 24 Stunden.
4. 2164,5 Tage zu 24 Stunden sind auch 0,5 Jupiterjahre, denn ein Jupiterjahr hat 4329 Tage.
5. Die letzten 100 Jahre vor der Sintflut werden in der Bibel auffallenderweise nicht betrachtet.

Nachdem ich mir diese Zahlen noch einmal durch den Kopf gehen ließ, kam ich auf folgende Idee:

Wenn die Jahresangaben in der Bibel vor der Sintflut sich auf Jupi-terjahre beziehen und die letzten 100 Jahre vor der Sintflut betref-fen, würden die bislang so utopischen Zeitangaben in der Königslis-te auf einmal einen Sinn ergeben.

Außerdem wäre dieses ein weiterer Hinweis, dass sich die Erde vor der Sintflut in einer Umlaufbahn um den Jupiter befand und würde meine gesamte Theorie bestätigen.

Voraussetzung ist, dass es sich bei den utopischen Zahlenangaben um Tage handelt und nicht wie bisher meistens behauptet um Jahre.

Folgende Gleichung würde das Rätsel lösen:
4329 Tage x 100 Jahre = 432.900 Tage

Die Abweichung von 900 Tagen ist bezogen auf die Gesamtzeit so minimal, dass ich sie momentan nicht weiter beachtete und erst später wieder darauf eingehe.

Um die Änderungen besser vergleichen zu können, teilte ich die 600 Jahre Noahs (1056–1656) in 500 Jahre (1056–1556) und 100 Jahre (1556–1656) auf und bezeichnete sie als *Noah 1* und *Noah 2*.
Die Jahresangaben vor der Sintflut beziehen sich alle auf die Erschaffung bzw. die Geburt von Adam und entsprechen einem Jupiterjahr.

Tabelle 4.4.1. zeigt die Umsetzung der Zeitangaben vor der Sintflut in Jupiterjahren:

Kalender nach Angaben in der Bibel						
Ausgangsbasis: Erde befindet sich auf einer Umlaufbahn um den Jupiter (1 Umlauf in 24 Std)						
Ereignis laut der Bibel	Geburtsjahr (Jupiterjahr)	Vergangene Jahre bis Geburt Sohn (Jupiterjahr)	Tage / Jahr	Faktor	Std / Tag	Vergangene Tage im Zeitraum
Adam	0	130	4329	1,00	24	562770
Seth	130	105	4329	1,00	24	454545
Enos	235	90	4329	1,00	24	389610
Kenan	325	70	4329	1,00	24	303030
Mahalalel	395	65	4329	1,00	24	281385
Jered	460	162	4329	1,00	24	701298
Henoch	622	65	4329	1,00	24	281385
Methusalah	687	187	4329	1,00	24	809523
Lamech	874	182	4329	1,00	24	787878
Noah 1	1056	500	4329	1,00	24	2164500
Noah 2	1556	100	4329	1,00	24	432900
Astronomisches Ereignis: Verlassen der Umlaufbahn des Jupiters						
Ereignis laut der Bibel	Beginn der Sintflut (Jupiterjahr) (4329 Tage a 24 Std)	Zeit der Sintflut (Jupiterjahr) (4329 Tage a 24 Std)	Tage / Jahr	Faktor	Std / Tag	Vergangene Tage im Zeitraum
Beginn der Sintflut	17.02.1657	0,5	4329	1,00	24	2164,50
oder						
Beginn der Sintflut	17.02.1657	0,5	300	14,43	346,32	2164,50

In Tabelle 4.4.2. ersetzte ich die Königsliste für *Noah 2* (die 100 Jahre von Noah vor der Sintflut)

Zusammenfassung Königsliste und Bibel					
Beginn der Menschheit	Geburtsjahr	Vergangene Jahre bis Geburt Sohn	Tage / Jahr	Std / Tag	Vergangene Tage im Zeitraum
Adam	0	130	4329	24	562770
Seth	130	105	4329	24	454545
Enos	235	90	4329	24	389610
Kenan	325	70	4329	24	303030
Mahalalel	395	65	4329	24	281385
Jered	460	162	4329	24	701298
Henoch	622	65	4329	24	281385
Methusalah	687	187	4329	24	809523
Lamech	874	182	4329	24	787878
Noah 1	1056	500	4329	24	2164500

Herrscher Nach Königsliste (Berossos)	Beginn Regierungszeit (Jupiterjahr) (4329 Tage a 24 Std)	Regierungszeit (Jupiterjahr) (4329 Tage a 24 Std)	Tage / Jahr	Std / Tag	Korrigierte Regierungszeit Tage a 24 Std
Aloros	1556	8,33	4329	24	36075
Alaparos	1564	2,50	4329	24	10822,5
Ameton	1567	10,83	4329	24	46897,5
Amenon	1578	10,00	4329	24	43290
Megalaros	1588	15,00	4329	24	64935
Daonos	1603	8,33	4329	24	36075
Euedorachos	1611	15,00	4329	24	64935
Amempsinos	1626	8,33	4329	24	36075
Otiartes	1634	6,67	4329	24	28860
Xisuthros	1641	15,00	4329	24	64935
(Summe)		100,00		24	432900

	Beginn der Sintflut (Jupiterjahr) (4329 Tage a 24 Std)	Zeit der Sintflut (Jupiterjahr) (4329 Tage a 24 Std)	Tage / Jahr	Std / Tag	Vergangene Tage im Zeitraum
Beginn der Sintflut	17.02.1657	0,5	4329	24	2164,50

Dieses würde bedeuten, dass ein Jahr vor der Sintflut immer 4320 (4329) Tage lang war. Ein altes chaldäisches Jahr bestand aber aus 3600 Tagen. Eine Erklärung hierfür beinhaltet das nächste Kapitel. Xisuthros ist aller Wahrscheinlichkeit der biblische Noah.

4.5. Alte, aber überraschende Aussagen

Betrachten wir einmal die Tabelle 4.3.1. aus dem alten Buch genauer.

Name	Tage (Jahre)	Regierungs- Zeit Saros (/3600)	Regierungs- Zeit Chaldäische Jahre (/360)	Regierungs- zeit vor der Flut	Jahre der Welt	Jahre vor Christus
Aloros	36000	10	100	1183	1073	4353
Alaparos	10800	3	30	1083	1173	4253
Ameton	46800	13	130	1053	1203	4223
Amenon	43200	12	120	923	1333	4093
Megalaros	64800	18	180	803	1453	3973
Daonos	36000	10	100	623	1633	3793
Euedorachos	64800	18	180	523	1733	3693
Amempsinos	36000	10	100	343	1913	3513
Otiartes	28800	8	80	243	2013	3413
Xisuthros	64800	18	180	163	2093	3333
Summe	**432000**	**120**	**1200**			

Vor der Flut gab es also das **alte chaldäische Jahr** bestehend aus **3600 Tagen**.
Nach der Flut gab es das **neue chaldäische Jahr** bestehend aus **360 Tagen** (Tabelle 4.5.2.):

Name	Tage	Regierungszeit Saros (3600 Tage) alte chaldäische Jahre vor der Flut	Regierungszeit Jahre (360 Tage) neue chaldäische Jahre nach der Flut
Aloros	36000	10	100
Alaparos	10800	3	30
Ameton	46800	13	130
Amenon	43200	12	120
Megalaros	64800	18	180
Daonos	36000	10	100
Euedorachos	64800	18	180
Amempsinos	36000	10	100
Otiartes	28800	8	80
Xisuthros	64800	18	180
Summe	**432000**	**120**	**1200**

Die Schlussfolgerung daraus ist, wenn man die Zeiten vor der Flut in neuer chaldäischer Zeit angibt, ist alles zehnmal so lang.

Das Problem war, dass in der Aufstellung 432.000 Tage 120 alten chaldäischen Jahren entsprachen, aber nach meiner Interpretation 100 heutigen Jupiterjahren. Es muss das 3600-Tage-Jahr also schon früher gegeben haben, eine Änderung vom 3600- auf ein 4320-Tage-Jahr (Faktor 1,2) muss also stattgefunden haben.

Nach meiner Auffassung muss es zwischen der Geburt Noahs im Jahre 1056 bis zur Sintflut im Jahre 1656, die in der Bibel ja auch auffallend unübersichtlich beschrieben werden, ein astronomisches Ereignis gegeben haben, das diese Änderung der Tage auslöste.

Meiner Meinung nach war hier, wie später auch nach der Sintflut, eine Geschwindigkeitsänderung der Erde die Ursache. Nach meiner Theorie befand sich die Erde vor der Sintflut, wie bereits im 3. Kapitel in Tabelle 3.6.2.2. beschrieben, mit einer Geschwindigkeit von 28057 km/h in einer Umlaufbahn um den Jupiter. Die Zeitangaben beziehen sich dabei auf den neuen chaldäischen Kalender (Tabelle 4.5.3.):

Jupitermonde (vor der Sintflut)

Name	Io	Europa	Ganymed	Erde
Umlaufzeit (Tage)	1,76	3,55	7,16	14,43
Umlaufzeit (Std)	42,24	85,2	171,84	346,32
Verhältnis	½	½	½	½
Abstand Jupiter km	412800	671100	1070400	1547245
Bahnlänge km	2592384	4214508	6722112	9716700
Geschwindigkeit km/h	61373	49466	39118	28057

Nimmt man dagegen den alten chaldäischen Kalender als Basis, würde die Tabelle wie folgt aussehen (Tabelle 4.5.4.):

Jupitermonde (vor der Sintflut)

Name	Io	Europa	Ganymed	Erde
Umlaufzeit (Tage)	0,176	0,355	0,716	1,443
Umlaufzeit (Std)	4,224	8,52	17,184	34,632
Verhältnis	½	½	½	½
Abstand Jupiter km	412800	671100	1070400	154725
Bahnlänge km	2592384	4214508	6722112	971670
Geschwindigkeit km/h	613727	494661	391184	28057

Da die Umlaufbahn des Jupiters um die Sonne über die ganze Zeit annähernd gleich geblieben ist, machte ich mir eine Aufstellung über die Möglichkeiten, wie sich diese Zeit zusammen setzen könnte.

Ein heutiges Jupiterjahr entspricht:
4329 Tage x 24 Stunden = 103.896 Stunden

Ein Jupiterjahr nach der Sintflut entsprach:
3000 Tage x 34,632 Stunden = 103.896 Stunden
oder auch
300 Tage x 14,43 x 24 Stunden = 103.896 Stunden

Ein Jupiterjahr vor der Sintflut entsprach:
4320 Tage x 24 Stunden = 103.680 Stunden
oder auch
3600 Tage x 24 Stunden x 1,2 = 103.680 Stunden
oder auch
3600 Tage x 28,8 Stunden = 103.680 Stunden

oder auch

3000 Tage x 34,56 Stunden = 103.680 Stunden

oder auch

360 Tage x 288 Stunden = 103.680 Stunden

oder auch

300 Tage x 345,6 Stunden = 103.680 Stunden

Der Unterschied von 9 Tagen beruht meiner Meinung nach auf einer minimalen Bahnkorrektur des Jupiters als Folge des astronomischen Ereignisses, das die Sintflut auslöste.

Der Unterschied der Tageslänge ist zu dieser Zeit abhängig von der Erdumlaufgeschwindigkeit um den Jupiter bei wahrscheinlich gleichbleibender Bahnlänge. Diese reduzierte sich wahrscheinlich vor Beginn der Königsliste von 33.668 km/h auf 28.057 km/h.

Bahnlänge / Zeit = Geschwindigkeit

9.716.700km / 346,32 Stunden = 28.057 km/h (Geschwindigkeit vor Beginn der Sintflut)

9.716.700km / 288 Stunden = 33.668 km/h (Geschwindigkeit vor Beginn der Königsliste)

Diese Zeitangaben entsprechen dem neuen chaldäischen Kalender (Tabelle 4.5.5.):

Jupitermonde (vor Beginn der Königsliste vor der Sintflut)

Name	Io	Europa	Ganymed	Erde
Umlaufzeit (Tage)	1,76	3,55	7,16	12
Umlaufzeit (Std)	42,24	85,2	171,84	288
Verhältnis	½	½	½	½
Abstand Jupiter km	412800	671100	1070400	1544010
Bahnlänge km	2592384	4214508	6722112	9696384
Geschwindigkeit km/h	61373	49466	39118	33668

Nach dem alten chaldäischen Kalender würde die Tabelle wie folgt aussehen (Tabelle 4.5.6.):

Jupitermonde (vor Beginn der Königsliste vor der Sintflut)

Name	Io	Europa	Ganymed	Erde
Umlaufzeit (Tage)	0,176	0,355	0,716	1,2
Umlaufzeit (Std)	0,4224	0,852	1,7184	28,8
Verhältnis	½	½	½	½
Abstand Jupiter km	412800	671100	1070400	154401
Bahnlänge km	2592384	4214508	6722112	969638
Geschwindigkeit km/h	6137273	4946606	3911844	33668

Dieses erklärt den Faktor 1,2, der schon bei Berossos zu einem 120-Jahre-, statt einem 100-Jahre-Rhythmus führte (Tabelle 4.5.7.):

Name	Tage	tatsächliche Gesamtstunden Tag zu 24 Stunden	theoretische Gesamtstunden Tag zu 28,8 Stunden	Faktor	tatsächlich vergangene alte chaldäische Jahre vor der Flut	theoretisch vergangene alte chaldäische Jahre vor der Flut
Aloros	36000	864000	1036800	1,2	8,33	10
Alaparos	10800	259200	311040	1,2	2,50	3
Ameton	46800	1123200	1347840	1,2	10,83	13
Amenon	43200	1036800	1244160	1,2	10,00	12
Megalaros	64800	1555200	1866240	1,2	15,00	18
Daonos	36000	864000	1036800	1,2	8,33	10
Euedorachos	64800	1555200	1866240	1,2	15,00	18
Amempsinos	36000	864000	1036800	1,2	8,33	10
Otiartes	28800	691200	829440	1,2	6,67	8
Xisuthros	64800	1555200	1866240	1,2	15,00	18
Summe	432000	10368000	12441600	1,2	100	120

Dieses erklärt auch die unklaren Aussagen in der Bibel vor der Flut. Von der Geburt Adams bis 500 Jahre nach der Geburt von Noah im Jahre 1556 gab es ein Jahr mit 3600 Tagen und jeder Tag bestand aus 28,8 Stunden. Die Erde bewegte sich mit einer Geschwindigkeit von 33.668 km/h in einer Entfernung von 1.547.227 km um den Jupiter. Die Angaben in der Bibel sind dazu flüssig und genau im 1. Buch Mose Kapitel 5 niedergeschrieben. Zu diesem Zeitpunkt fand ein astronomisches Ereignis statt, das die Geschwindigkeit der Erde auf 28.057 km/h reduzierte. Die Folge war ein Jahr mit 4320 Tagen und jeder Tag bestand aus 24 Stunden. Die Entfernung zum Jupiter blieb dabei gleich. Dadurch entstand ein neuer astronomisch richtiger Kalender mit 4320 Tagen im Jahr, der neben dem alten Kalender mit 3600 Tagen im Jahr geführt wurde. Dieses ergibt für die folgenden 100 Jahre einen Unterschied von 20 Jahren zwischen beiden Kalendern, bei einer gleichen Anzahl von 432.000 Tagen.

Damit erklärt sich auch die Aussage im 1. Buch Mose Kapitel 6. Die Frist, die Gott den Menschen bis zur Sintflut gibt, beträgt 120 Jahre des bis zu diesem Zeitpunkt geltenden Kalenders.

Nach dem ab diesem Zeitpunkt geltenden Kalender entsprechen diese 120 Jahre aber nur noch 100 Jahren, wie im 1. Buch Mose Kapitel 7 beschrieben.

Diese letzten 100 Jahre vor der Sintflut entsprechen außerdem der Königsliste vor der Flut nach Berossos (Tabelle 4.5.8.).

Angepasste Zusammenfassung Königsliste und Bibel					
Beginn der Menschheit					
Patriarch	Geburtsjahr	vergangene Jahre bis Geburt Sohn	Tage / Jahr	Std / Tag	vergangene Tage im Zeitraum
Adam	0	130	3600	28,8	468000
Seth	130	105	3600	28,8	378000
Enos	235	90	3600	28,8	324000
Kenan	325	70	3600	28,8	252000
Mahalalel	395	65	3600	28,8	234000
Jered	460	162	3600	28,8	583200
Henoch	622	65	3600	28,8	234000
Methusalah	687	187	3600	28,8	673200
Lamech	874	182	3600	28,8	655200
Noah	1056	500	3600	28,8	1800000
Astronomisches Ereignis im Jahre 1556					
Herrscher nach Königsliste (Berossos)	Beginn Regierungszeit (Jupiterjahr) (4320 Tage a 24 Std)	Regierungszeit (Jupiterjahr) (4320 Tage a 24 Std)	Tage / Jahr	Std / Tag	korrigierte Regierungszeit Tage a 24 Std
Aloros	1556	8,33	4320	24	36000
Alaparos	1564	2,50	4320	24	10800
Ameton	1567	10,83	4320	24	46800
Amenon	1568	10,00	4320	24	43200
Megalaros	1588	15,00	4320	24	64800
Daonos	1603	8,33	4320	24	36000
Euedorachos	1611	15,00	4320	24	64800
Amempsinos	1626	8,33	4320	24	36000
Otiartes	1634	6,67	4320	24	28800
Xisuthros	1641	15,00	4320	24	64800
(Summe)		100,00		24	432000
Astronomisches Ereignis im Jahre 1657 bis 1658					
	Beginn der Sintflut (Jupiterjahr) (4329 Tage a 24 Std)	Zeit der Sintflut (Jupiterjahr) (4329 Tage a 24 Std)	Tage / Jahr	Std / Tag	vergangene Tage im Zeitraum
Beginn der Sintflut	17.02.1657 (1656)	0,5	4329	24	2164,50

Die Zeitangaben in der Bibel sind also alle astronomisch korrekte Jahresangaben!

5. Ergänzungen zur größten Katastrophe der Menschheit

5.1. Die Zahl 3333

Wie bereits in Kapitel 4.3.2. beschrieben, würden die in dem Buch *Chronologische Alterthümer der ältesten Königreiche vom Anfänge der Welt durch 5 Jahrtausende* von Johann Jackson angeführten 3333 Jahre von der Geburt Christus bis zur Sintflut fast genau mit einem virtuell angenommenen und unveränderten 365,2425-Tage-Jahr übereinstimmen (siehe Tabelle 4.3.2.):

tatsächlicher Kalender		heutiger Kalender 365,2425 Tage/Jahr und 24 Std/Tag	
Ereignis	Gesamt-Stunden (aufsummiert)	Ereignis	Gesamt-Stunden (aufsummiert)
Beginn der Zeitrechnung +01.01.0001		Beginn der Zeitrechnung +01.01.0001	
586 Jahre und 168,01 Tage	5140800	586 Jahre und 168,01 Tage	5140800
1.Zerstörung Jerusalem (Nebukadnezar) -16.07.0587		1.Zerstörung Jerusalem (Nebukadnezar) -16.07.0587	
440 Jahre und 56,25 Tage	3486000 (8626800)	397 Jahre 248,36 Tage	3486000 (8626800)
Tempelbaubeginn Salomo -20.05.1027		Tempelbaubeginn Salomo -10.11.985	
478 Jahre und 327,6 Tage	4468800 (13095600)	509 Jahre 292,19 Tage	4468800 (13095600)
Exodus -13.06.1506		Exodus -22.01.1494	
621 Jahre und 47,60 Tage	6610800 (19706400)	754 Jahre 58,44 Tage	6610800 (19706400)
Sodom & Gomorrha -19.04.2127		Sodom & Gomorrha -25.11.2249	
359 Jahre und 25,60 Tage	6451200 (26157600)	735 Jahre 346,98 Tage	6451200 (26157600)
Turmbau Babel -27.08.2486		Turmbau Babel -13.12.2985	
90 Jahre und 78 Tage	3024000 (29181600)	344 Jahre 357,94 Tage	3024000 (29181600)
Ende der Flut -01.01.2576		Ende der Flut -20.12.3330	

Das kann kein Zufall sein, deshalb befasste ich mich damit intensiver. Wenn also vollständige 3333 Jahre á 365,2425 Tage zu 24 Stunden, wie Johann Jackson es beschreibt, zwischen der Geburt von Christus (meiner Meinung nach ist hier der Beginn der Zeitrechnung gemeint) und der Sintflut vergangen wären, ergäbe dieses einen Zeitraum von 29.216.476 Stunden (3333 Jahre x 365,2425 Tage x 24 Stunden).

Da nach dem astronomisch richtigen Kalender 29.181.600 Stunden vom 01.01.2576 v. Chr. bis zum Beginn der neuen Zeitrechnung am 01.01.0001 vergangen sind, ergibt sich ein Fehl von 34.876 Stunden (29.216.476 Stunden - 29.181.600 Stunden).

Genau 34.876 Stunden vor dem 01.01.2576 v. Chr. müsste also ein wichtiges Ereignis stattgefunden haben. Doch welches Ereignis war das?

Nach meiner Theorie sind genau 3333 Jahre eines heutigen Jahres mit 365,2425 Tagen á 24 Stunden vom 17.07. zur Zeit der Sintflut bis zum Beginn unserer heutigen Zeitrechnung am 01.01.0001 vergangen.

5.2. Die Zeitangaben während der Sintflut im Detail

In der folgenden Tabelle fällt auf, dass die Zeitangaben in der Bibel für die Zeit vom 17.02. bis zum 17.07. einem Jahr, bestehend aus 300 Tagen zu 346,32 Stunden mit 103.896 Stunden, zugeordnet werden müssen. Diese Jahreslänge entspricht genau der Länge eines Jahres, bevor die Sintflut begann.

Um meine Theorie zu festigen, fasste ich die bisher feststehenden Zeitangaben zur Zeit der Sintflut in folgender Tabelle 5.2.1. zusammen:

vergangene Jahre nach Adam	Jahre vor der Zeitrechnung	Tageslänge	vergangene Tage	Tage/Jahr	vergangene Stunden	Stunden/Jahr
davor		24	4320	4320	103680	103680
17.02.1656	-17.02.2577					
		24	2164,5	4329	51948	103896
		346,32	150	300	51948	103896
		in diesem Zeitraum gab es keine konstanten Tageslängen, nur Stunden vergleichbar				
17.07.1656	-17.07.2577					
		keine relevanten Angaben				
01.10.1656	-01.10.2577					
		keine relevanten Angaben				
01.01.1657	-01.01.2576					
danach		111,6	300	300	33480	33480

Auch für die Zeit vom 17.07. bis zum 01.10. wurde in der Bibel mit dieser Tageslänge von 346,32 Stunden gerechnet. Dies ergibt eine Gesamtstundenanzahl von 346,32 Stunden x 73 Tage = 25.281 Stunden. Für diesen Zeitraum lässt sich nur eine durchschnittliche Zeit in Tagen angeben, eine genaue Angabe ist nur in Stunden möglich. Die Angabe von Stunden ist neben den noch kleineren Zeiteinheiten Minuten und Sekunden, wie sie wahrscheinlich schon bemerkt haben, die einzige zeitliche Größe, die sich nicht veränderte (Tabelle 5.2.2.).

Vergleich angepasste Zeitangaben ab 17.07. während der Sintflut					
vergangene Jahre nach Adam	**Jahre vor der Zeitrechnung**	**Tageslänge**	**vergangene Tage**	**Tage/Jahr**	**vergangene Stunden**
davor		24	4320	4320	103680
17.02.1656	-17.02.2577				
		Es gab 2 vergleichbare Kalender			
		24	2165	4329	51948
		346,32	150	300	51948
		In diesem Zeitraum gab es keine konstanten Tageslängen, nur Stunden vergleichbar			
17.07.1656	-17.07.2577				
		346,32	73	300	25281
		In diesem Zeitraum gab es keine konstanten Tageslängen, nur Stunden vergleichbar			
01.10.1656	-01.10.2577				
		???			
01.01.1657	-01.01.2576				
		???			
27.02.1657	-27.02.2576				
		Ende der Flut			
danach		111,6	300	300	33480

Da nach meiner Berechnung vom 17.07. bis zum 01.01. des Folgejahres 34.876 Stunden (siehe Kapitel 5.1.) vergangen sein müssen, ergibt dieses für die vergangenen 30 Tage vom 01.10. bis zum 01.01. des Folgejahres 9595 Stunden (34.876 Stunden - 25.281 Stunden).

Dieses ergibt eine Tageslänge für diesen Zeitraum von 319,83 Stunden (9595 Stunden / 30 Tage) (Tabelle 5.2.3.).

Vergleich angepasste Zeitangaben ab 01.10. während der Sintflut				
Datum	**Tageslänge**	**vergangene Tage**	**Tage/Jahr**	**vergangene Stunden**
davor	24	4320	4320	103680
17.02.1556				
	Es gab 2 vergleichbare Kalender			
	24	2165	4329	51948
	346,32	150	300	51948
	In diesem Zeitraum gab es keine konstanten Tageslängen, nur Stunden vergleichbar.			
17.07.1556				
	346,32	73	300	25281
	In diesem Zeitraum gab es keine konstanten Tageslängen, nur Stunden vergleichbar.			
01.10.1556				
	319,83	30	300	9595
01.01.1557				
	???			
27.02.1557				
	Ende der Flut			
danach	111,6	300	300	33480

Diese Änderung der Tageslänge ist nur durch eine Änderung der Rotationsgeschwindigkeit der Erde möglich, was wiederum von einem astronomischen Ereignis ausgelöst worden sein muss.

Dieses würde aber noch nicht erklären, wieso in der Bibel die Sintflut erst am 27.02. beendet ist.

5.3. Die Überschneidung von zwei Kalendern zum Ende der Sintflut

Diese 30 Tage zu 319,83 Stunden entsprechen auch 86 Tagen zu 111,6 Stunden, wie es nach dem Ende der Flut war (Tabelle 5.3.):

vergangene Jahre nach Adam	Jahre vor der Zeitrechnung	Vergleich der Kalender ab 01.10. während der Sintflut			
		Tageslänge	vergangene Tage	Tage/Jahr	vergangene Stunden
davor		24	4320	4320	103680
17.02.1656	-17.02.2577				
		Es gab 2 vergleichbare Kalender			
		24	2165	4329	51948
		346,32	150	300	51948
		In diesem Zeitraum gab es keine konstanten Tageslängen, nur Stunden vergleichbar.			
17.07.1656	-17.07.2577				
		346,32	73	300	25281
		In diesem Zeitraum gab es keine konstanten Tageslängen, nur Stunden vergleichbar.			
01.10.1656	-01.10.2577				
		Es gab 2 vergleichbare Kalender			
		319,83	30	300	9595
		111,6	86 (30 + 56)	300	9595
		In diesem Zeitraum gab es keine konstanten Tageslängen, nur Stunden vergleichbar			
01.01.1657	-01.01.2576				
		Ende der Flut nach altem Kalender			
27.02.1657	-27.02.2576				
		Ende der Flut nach neuem Kalender			
danach		111,6	300	300	33480

Nach dem alten Kalender endete also die Sintflut am 01.01. des Folgejahres, aber nach dem neuen Kalender war erst am 27.02. (57 Tage später) der erste Tag nach der Sintflut.

5.4. Die unterschiedlichen Angaben in der Bibel über das Ende der Sintflut

Nach intensiver Beschäftigung mit den unerklärlichen Zeitangaben in der Bibel bei 1. Mose, Kapitel 8 ist mir Folgendes aufgefallen:
In den ältesten Übersetzungen ist die Zeitangabe anders als in den neueren Übersetzungen beschrieben (siehe folgende Gegenüberstellung, Quelle: www.bibel-online.net):

Auszug aus der Übersetzung Luther 1545 (letzte Hand):
Da harret er noch ander sieben tage / und lies aber mal eine Taube fliegen aus dem Kasten
Auszug aus der Übersetzung Elberfelder 1905:
Und er wartete noch sieben andere Tage und ließ die Taube abermals aus der Arche;
Auszug aus der Übersetzung Luther 1912:
Da harrte er noch weitere sieben Tage und ließ abermals eine Taube fliegen aus dem Kasten.
Auszug aus der Übersetzung Schlachter 1951:
Und er wartete noch weitere sieben Tage; dann sandte er die Taube wieder von der Arche aus.

Es ist hier also von sieben anderen Tagen bzw. von sieben weiteren Tagen die Rede. Bisher dachte ich, es handele sich dabei um Interpretationsfehler. Das sind aber keine Fehler, sondern diese ersten Übersetzungen sind korrekt! Es handelt sich nämlich bei diesen Zeitangaben (andere Tage) bereits um den nach der Sintflut gültigen Kalender. Dadurch ergeben diese Angaben auf einmal zeitlich einen Sinn.
Es muss also vom 01.10. während der Sintflut bis zum 01.01. bzw. zum 27.02. des Folgejahres zwei unterschiedliche Kalender gegeben haben. Der Grund dafür ist bisher nicht bekannt.

Nachfolgend der Bibeltext mit den Zeitangaben nach dem 01.10. während der Sintflut. (Quelle: www.bibel-online.net)

1. Mose – Kapitel 8

5 Es nahm aber das Gewässer immer mehr ab bis auf den zehnten Monat. Am ersten Tage des zehnten Monats sahen der Berge Spitzen hervor.

6 Nach vierzig Tagen tat Noah das Fenster auf an dem Kasten, dass er gemacht hatte, 7 und ließ einen Raben ausfliegen; der flog immer hin und wieder her, bis das Gewässer vertrocknete auf Erden. 8 Darnach ließ er eine Taube von sich ausfliegen, auf daß er erführe, ob das Gewässer gefallen wäre auf Erden. 9 Da aber die Taube nicht fand, da ihr Fuß ruhen konnte, kam sie wieder zu ihm in den Kasten; denn das Gewässer war noch auf dem ganzen Erdboden. Da tat er die Hand heraus und nahm sie zu sich in den Kasten. 10 Da harrte er noch weitere sieben Tage und ließ abermals eine Taube fliegen aus dem Kasten. 11 Die kam zu ihm zur Abendzeit, und siehe, ein Ölblatt hatte sie abgebrochen und trug's in ihrem Munde. Da merkte Noah, dass das Gewässer gefallen wäre auf Erden. 12 Aber er harrte noch weiter sieben Tage und ließ eine Taube ausfliegen; die kam nicht wieder zu ihm.

In Tabelle 5.4. habe ich diese korrigierten Zeitangaben eingearbeitet.

vergangene Jahre nach Adam	Jahre vor der Zeitrechnung	Vergleich mit Mose			
		Tageslänge	vergangene Tage	Tage/Jahr	vergangene Stunden
davor		24	4320	4320	103680
17.02.1656	-17.02.2577				
		Es gab 2 vergleichbare Kalender			
		24	2165	4329	51948
		346,32	150	300	51948
		In diesem Zeitraum gab es keine konstanten Tageslängen, nur Stunden vergleichbar.			
17.07.1656	-17.07.2577				
		346,32	73	300	25281
		In diesem Zeitraum gab es keine konstanten Tageslängen, nur Stunden vergleichbar.			
01.10.1656	-01.10.2577				
		Es gab 2 vergleichbare Kalender			
		319,9	30	300	9597
		111,6	86 (30 + 56)	300	9597
14.10.1656	-14.10.2577				
		319,9	14		4464
		111,6	40		4464
16.10.1656	-16.10.2577				
		319,9	2		781
		111,6	7		781
18.10.1656	-18.10.2577				
		319,9	2		781
		111,6	7		781
		In diesem Zeitraum gab es keine konstanten Tageslängen, nur Stunden vergleichbar			
01.01.1657	-01.01.2576				
		Ende der Flut nach altem Kalender			
		111,6	56		
27.02.1657	-27.02.2576				
		Ende der Flut nach neuem Kalender			
danach		111,6	300	300	33480

Dies bedeutet, dass vom 17.07. während der Sintflut bis zum Beginn unserer Zeitrechnung genau 3333 Jahre zu 365,2425 Tagen á 24 Stunden vergangen sind. Dabei ist der 17.07. der Tag, an dem unsere Erde ihre Reise durch unser Sonnensystem beendete und ihren heutigen Platz einnahm.

5.5. Die Geschwindigkeiten der Erde während der Sintflut

Da durch diese Darlegung feststeht, dass vom 17.07. bis zum 01.01. des Folgejahres 34.876 Stunden vergangen sind, müssen wir noch einmal die Geschwindigkeiten der Erde überprüfen, ob es sich wirklich so zugetragen haben kann. In Tabelle 5.5. habe ich diese zusammengestellt.

Die Erdrotationsgeschwindigkeit bezieht sich auf einen Äquatorumfang von 40.080 km.

Geschwindigkeiten während der Sintflut					
Datum	Erdumlauf-geschwindigkeit (km/h)	zurückgelegte Strecke (km)	vergangene Stunden	Tageslänge (Stunden)	Erdrotations-geschwindigkeit (km/h)
davor	28057	2908949760	103896	24	1670
17.02.1656					
	28057	1457000000	51948	346,32	116 (im Durchschnitt)
17.07.1656					
01.10.1656	9254	322733330	34876		
				319,83	125
01.01.1657					
danach	28057	940000000	33480	111,6	359

5.6. Detaillierte Zeitschiene von der Sintflut

(Tabelle 5.6.)

Zeitschiene der Sintflut **nach der Bibel bei einem 300 Tage/Jahr**
01.01.1556 vor der Sintflut Die Erde befindet sich in einer Umlaufbahn vom Jupiter.
Zeitraum nach der Bibel: 17 Tage Erdbahngeschwindigkeit: 28057 km/h Erdrotationsgeschwindigkeit: 1670 km/h
17.02.1556 Beginn der Sintflut Die Erde begibt sich infolge eines astronomischen Ereignisses auf die Reise zu ihrem heutigen Standort in unserem Sonnensystem.
Zeitraum nach der Bibel: 150 Tage Erdbahngeschwindigkeit: 28057 km/h Erdrotationsgeschwindigkeit: 116 km/h im Durchschnitt (von 1670 auf 0)
17.07.1556 Die Erde beendet ihre Reise durch unser Sonnensystem infolge eines astronomischen Ereignisses und befindet sich an ihrem heutigen Standort im Sonnensystem.
Zeitraum nach der Bibel: 73 Tage Erdbahngeschwindigkeit: 9254 km/h Erdrotationsgeschwindigkeit: 116 km/h im Durchschnitt (von 0 auf 125)
01.10.1556 Wiederum erfolgt ein wichtiges Ereignis, was bisher aber nicht genau bekannt ist.
Zeitraum nach der Bibel: 30 Tage Erdbahngeschwindigkeit: 9254 km/h Erdrotationsgeschwindigkeit: 125 km/h
01.01.1557 Ein astronomisches Ereignis beendet nach alter Zeitrechnung die Sintflut.
Erdbahngeschwindigkeit: 28057 km/h Erdrotationsgeschwindigkeit: 359 km/h
27.02.1557 Ende der Sintflut nach neuer Zeitrechnung

Zum Abschluss dieses Teils stellt sich die Frage: Was kann diese Geschwindigkeitsänderungen zum Ende der Sintflut verursacht haben? Hängt das vielleicht mit dem schon beschriebenen 350-Tage-Rhythmus zusammen?

6. Theorie über den Ablauf der Geschichte von der Erde in den vergangenen 25.000 Jahren

6.1. Der Ursprung des Vergessenen Kalenders

6.1.1. Zeitangaben für die Sintflut aus anderen Quellen

6.1.1.1. Die Dauer der Sintflut im Gilgamesch-Epos

Für die ersten 150 Tage der Sintflut gemäß der Bibel vom 17.02. bis zum 17.07. wird hier Folgendes auf Tafel 11 gesagt (Quelle: Arthur Ungnad und Hugo Gressmann, *Das Gilgamesch-Epos* aus dem Jahr 1911):

128 Sechs Tage und Nächte
129 geht der Sturm, (der Zyklon) wirft der Südsturm das Land nieder
130 Als der siebente Tag herbeikam, ließ ab der Südsturm (der Zyklon) im Kampfe,
131 den er gekämpft gleich einem Heere;
132 es beruhigte sich das Meer, zog sich zusammen, der Orkan (der Zyklon) hörte auf
133 Ich blickte nach dem Wetter, da war Stille eingetreten (?)

6.1.1.2. Die Dauer der Sintflut im Atrahasis-Epos

Auch hier ist eine Zeitangabe für die Sintflut vorhanden (Quelle: www.wikipedia.de): *Atrahasis solle Fische und Vögel für sieben Nächte mitnehmen und die Sanduhr auf sieben Tage stellen*

6.1.2. Vergleich dieser Zeitangaben mit der Bibel

Nach den Aussagen im Atrahasis-Epos und im Gilgamesch-Epos, die ja wie schon erwähnt aus Sicht der Götter geschrieben wurden, muss es einen weiteren Kalender gegeben haben. Dieser Kalender wurde anscheinend nur von den Göttern verwendet. Meiner Meinung nach war dies ein Kalender, der sich auf den Ursprungs- oder Heimatplaneten der Götter bezog.

Nach übereinstimmenden Aussagen im Atrahasis-Epos und im Gilgamesch-Epos entsprechen 6,5 Tage dieses Kalenders der Götter den 150 Tagen in der Bibel. Da die 150 Tage in der Bibel 14,43-mal solang sind wie ein heutiger 24-Stunden-Tag und gleichbedeutend mit einem halben Jupiterjahr, ergibt sich folgende Tabelle 6.1.2.1.

Gegenüberstellung der verschiedenen Kalender während der ersten 150 Tage der Sintflut nach der Bibel					
Quelle	Tage jeweiliger Kalender	Tage / Jahr	Std / Tag	vergangene Std im Zeitraum	Faktor
M.v.Rorach	2164,5	4329	24	51948	1,00
oder					
Bibel	150	300	346	51948	14,43
oder					
Atrahasis-Epos und Gilgamesh-Epos	6,5	?	7992	51948	333
51948 Std / 6,5 Tage = 7992 Std					
7992 Std / 24 Std = 333					
1 Tag der Götter entspricht 333 Tagen a 24 Std					

Wie würde diese Tabelle aber aussehen wenn, wie ich bereits in Kapitel 4.3. beschrieben habe, eine falsche Übersetzung vorliegt, da für Jahre und Tage das gleiche Wort, nämlich chaldäisch *Jomin* und hebräisch *Jamim* verwendet wurde und die 6,5 Tage in Wirklichkeit 6,5 Jahre wären (Tabelle 6.1.2.2.)?

korrigierte Gegenüberstellung der verschiedenen Kalender während der ersten 150 Tage der Sintflut nach der Bibel						
Quelle	Tage jeweiliger Kalender	Tage / Jahr	Std / Tag	vergangene Std im Zeitraum	vergangene Jahre im Zeitraum	Faktor
M.v.Rorach	2164,5	4329	24	51948	0,5	1,00
oder						
Bibel	150	300	346	51948	0,5	14,43
oder						
Atrahasis-Epos und Gilgamesh-Epos	2164,5	333	24	51948	6,5	333
51948 Std / 6,5 Jahre = 7992 Std						
7992 Std / 24 Std = 333 Tage						
1 Jahr der Götter entspricht 333 Tagen a 24 Std						

Könnte dies etwa bedeuten, dass sich nach dem Atrahasis-Epos und auch nach dem Gilgamesch-Epos die Erde oder ein anderer lebensfähiger Planet bereits vor der Sintflut auf unserer heutigen Erdbahn um die Sonne befand und ein Jahr aus 333 Tagen zu 24 Stunden bestand? Wieso steht aber dazu nichts Konkretes in der Bibel, stattdessen nur bisher undefinierbare Zeitangaben?

6.2. Eine unglaubliche Schlussfolgerung

Um diese Unklarheit zu klären, fasse ich die bisherigen Erkenntnisse nochmals zusammen.

1. Da diese aus unterschiedlichen Quellen stammenden Geschichten über die Sintflut meiner Meinung nach inhaltlich identisch sind, gehe ich davon aus, dass diese tatsächlich stattgefunden haben muss.
2. Da es für mich sehr unwahrscheinlich ist, dass jeweils nur ein Teil einer solchen Geschichte wahr ist, bin ich davon

überzeugt, dass alle Inhalte dieser alten Schriften der Wahrheit entsprechen, aber wir diese aufgrund unseres mangelnden Kenntnisstandes noch nicht erkennen können.

3. Die alten Geschichten wurden allerdings aus verschiedenen Sichtweisen niedergeschrieben (die Bibel aus Sicht der Menschen, Atrahasis-Epos und Gilgamesch-Epos aus Sicht der Götter), deshalb beinhaltet jede Geschichte besondere Details.

4. Gott bzw. die Götter müssen real existiert haben. Sie waren hochintelligent und wussten viele Jahre vor der Sintflut, dass diese Katastrophe stattfinden würde.

5. Da die Jahresangaben extrem unterschiedlich sind, ist es nur möglich, dass als Basis verschiedene Kalender verwendet wurden. Dies bedeutet wiederum, dass unterschiedliche Umlaufzeiten der Erde um die Sonne existiert haben müssen.

6. Die Zahl 12 ist in den aus Sicht der Götter niedergeschriebenen Geschichten besonders wichtig. Ein Vielfaches dieser Zahl ist in allen mir bekannten Jahresangaben enthalten.

Besonderheiten der Zahl 12

Sie ist die letzte Zahl, die eine eigenständige Bezeichnung hat. Ab der Zahl 13 (Dreizehn) werden einfach Grundzahlen addiert (3 + 10 = drei und zehn = Dreizehn).
In früherer Zeit wurde mit einem Dutzend (12) gerechnet.
Die griechische und die römische Mythologie besteht aus 12 Hauptgöttern.
In unserem heutigen Kalender gibt es 12 Monate.

Nach reiflicher Überlegung lässt das alles für mich nur den Schluss zu, dass es bis zur Zeit der Sintflut zwei Planeten in unserem Sonnensystem gab, auf denen Leben möglich war. Allerdings befanden sich diese Planeten in verschiedenen Entwicklungsphasen (Evolutionsphasen). Der Planet der Götter war dabei viel weiter entwickelt und befand sich bereits, wie seine Bewohner (das Volk der Götter), in seiner letzten Phase und ihr Untergang stand kurz bevor. Die Erde dagegen befand sich in einem Entwicklungsstadium zu Beginn der Menschheit.

Unter Einbeziehung dieser Voraussetzungen ergibt sich für mich eine durchaus realistische Möglichkeit, wie sich die Erde seit dieser Zeit entwickelt haben könnte, die ich Ihnen nicht vorenthalten möchte:

6.3. Die Entwicklung der Erde in den vergangenen 25.000 Jahren

6.3.1. Überlegungen

Da für mich feststeht, dass es ein hochintelligentes und hochentwickeltes Volk der Götter gegeben hat, denen lange vor der Sintflut diese sich anbahnende Katastrophe bekannt war, stellt sich nun folgende Frage: *Haben die Götter nur auf diese unaufhaltsame Katastrophe reagiert oder haben sie sogar agiert?*
Je mehr ich mich mit diesem Thema beschäftigte, umso sicherer wurde ich mir, dass die Götter nicht nur eingegriffen, sondern diese Katastrophe bewusst herbeigeführt haben.

6.3.2. Zustand auf der Erde vom Anfang bis vor ca. 25.000 Jahren

Nachdem die Erde erschaffen wurde, entwickelte sie sich langsam, gemäß der Evolutionstheorie. Diese Entwicklung mit zahlreichen Rückschlägen (Asteroideneinschläge, Klimaveränderungen etc.) ging so weiter, bis die Götter die Erde vor vielen Tausend Jahren besiedelten. Die Erde befand sich bereits zu diesem Zeitpunkt in einer Umlaufbahn um den Jupiter. Sie machten, wie wir heute sagen würden, die Erde zu ihrer Kolonie. Sie kamen dabei von einem anderen Planeten in unserem Sonnensystem, der sich im Bereich der heutigen Erdumlaufbahn um die Sonne und in einem viel späteren Entwicklungsstadium befand.

Die Gründe für die Besiedelung waren wahrscheinlich Rohstoffe, die auf ihrem Heimatplaneten zur Neige gingen. Gegenüber anderen Planeten hatte die Erde den Vorteil, dass es hier eine lebensfähige Atmosphäre gab, die gegenüber nicht bewohnbaren Planeten einen Abbau erleichterten.

Dieses Volk der Götter war aufgrund ihres hohen Entwicklungsstandes in der Lage, einen primitiven Arbeiter zu erschaffen. Dies waren die Vorgänger der Menschen. Sie waren nicht sehr intelligent und außerdem nicht fortpflanzungsfähig. Sie waren praktisch ein Werkzeug, dass die schweren Arbeiten für das Volk der Götter übernahm.

6.3.3. Der Grund für die Erschaffung des heutigen Menschen und für die Sintflut

Nachdem das Volk der Götter viele Jahre gut lebte, wurde ihr Heimatplanet (wahrscheinlich ähnlich wie in heutiger Zeit) aufgrund von Klimaveränderungen allmählich nicht mehr bewohnbar. Als

Ersatz planten sie ihren verbrauchten Planeten durch die Erde zu ersetzen. Da stellt sich natürlich die Frage, wieso sie das Risiko eingingen, die Sintflut planten und im Endeffekt auch auslösten. Der Grund dafür ist ganz einfach: Auf dem Planeten der Götter lebte die Mehrheit ihres Volkes, auch Kinder und ältere Personen. Es war einfach technisch nicht möglich, die gesamte Bevölkerung vom Planeten der Götter auf die weit entfernte Erde umzusiedeln. Auch das gesundheitliche Risiko war für diesen Teil der Bevölkerung aufgrund der sich ändernden Tages- und Jahreslänge zu groß. Zusätzlich ließ infolge von Inzucht etc. auch die Zeugungsfähigkeit nach. Damit ihre Rasse nicht ausstirbt, wurden Adam und Eva erschaffen. Dieses geschah nach vielen vergeblichen Versuchen ca. 20.000 Jahre vor unserer Zeitrechnung. Dabei wurde die DNA vom Volk der Götter mit der DNA von Menschenaffen vermischt.

6.3.4. Die Zeit von der Geburt Adams bis zur Sintflut

In der Folgezeit vermehrten sich die Nachkommen von Adam und Eva stark und vermischten sich mit den Göttern. Halbgötter gab es demnach wirklich (ein Elternteil Mensch und ein Elternteil Gott). Die letzte relativ reine Abstammungslinie war die von Adam bis Noah.

Da gleichzeitig die Vorbereitung für die von den Göttern geplante Sintflut erfolgte, wurde vom Volk der Götter lange nachgedacht, ob die Menschheit (ihre eigenen Nachkommen) es wert sei, diese Sintflut zu überleben.

Es muss heiß diskutiert worden sein, mit dem Ergebnis, wie es in der Bibel steht. Noah wurde zusammen mit seiner Familie sowie Pflanzen und Tieren ausgesucht, um den Versuch zu starten, die Sintflut auf der Erde zu überleben.

In Vorbereitung auf die sorgsam geplante Sintflut wurde durch das Volk der Götter 100 Jahre vor der Sintflut eine Geschwindigkeitsreduzierung der Erde (Umlaufgeschwindigkeit um den Jupiter) von 33.668 km/h auf 28.057 km/h vorgenommen. Dadurch umrundete die Erde den Jupiter jetzt 4320-mal statt 3600-mal während eines Jupiterjahres (ein Jupiterjahr entspricht 4329 heutigen Erdtagen á 24 Stunden). Der Abstand Erde-Jupiter beträgt zu diesem Zeitpunkt weiterhin 1.547.245 km. Mit diesem Ereignis beginnt auch die Königsliste mit den Regierungszeiten der Herrscher vor der Flut.

6.3.5. Beginn der Sintflut

Ausgangspunkt vor der Sintflut war die Erde, die sich als 4. Mond in einer Umlaufbahn um den Jupiter befand. Nach meiner Auffassung kreuzte der nach Sitchin um die Sonne wiederkehrende 12. Planet (Nibiru) die alte Erdumlaufbahn und sein südlicher Mond (Südwind) war dabei die Hauptursache, dass die Erde aus ihrer bisherigen Bahn geworfen wurde (siehe Kapitel 3). Durch diese Fastkollision begab sich die Erde auf den Weg ins Zentrum unseres Sonnensystems bis an ihren heutigen Standort.

Diese Reise der Erde dauerte insgesamt 51.948 Stunden. Sie begann am 17.02. und endete am 17.07. des Jahres 2.577 v. Chr.

Eine weitere Folgeerscheinung dieser Fastkollision war die immer langsamer werdende Erdrotation, die nach 40 Tagen und Nächten ganz aufhörte. Aus diesem Grund ist auch nur eine Zeitangabe in Stunden möglich. Auf der Erde fanden dadurch gewaltige Überschwemmungen und Klimaveränderungen statt, wie bereits in Kapitel 3 beschrieben.

Die Götter, die sich vorher also auf der Erde befanden, verließen, so steht es im Gilgamesch-Epos geschrieben, zu Beginn der Sintflut die Erde: *Vor dieser Sintflut erschraken die Götter, sie entwichen hinauf zum Himmel des Anu – die Götter kauern wie Hunde, sie lagern draußen!* Die Götter dachten also, dass man die Sintflut auf der Erde wahrscheinlich nicht überleben würde und begaben sich in den Himmel (Weltraum), wo sich ein Himmelskörper (Himmel des Anu) befand, der für die Sintflut von entscheidender Bedeutung war. Sie blieben allerdings in der Erdumlaufbahn, zusammengedrängt in einem oder mehreren Raumschiffen, wie in einer Rettungsinsel, und warteten auf das Ende der Sintflut.

Aus Kapazitätsgründen beschlossen die Götter einen Neuanfang nach der Sintflut, überließen die Erde sich selbst und nahmen bewusst die wahrscheinliche Auslöschung aller Lebewesen und auch der von ihnen erschaffenen Menschen in Kauf. Mindestens ein Gott versuchte aber, die von ihnen über viele Jahre erschaffene Welt (Menschen, Tiere und Pflanzen) zu retten. Ob dieser Versuch (Noah mit der Arche) gelingen würde, war aber ungewiss, denn sonst hätten die Götter auf die gleiche Weise versucht, die Katastrophe zu überleben.

6.3.6. Weiterer Verlauf der Sintflut

Am 17.07.2577 v. Chr. endete die Reise der Erde, als sie auf den Planeten der Götter und unseren heutigen Mond traf, die sich bereits auf der heutigen Erdbahn befanden. Die Geschwindigkeit der Erde verringerte sich durch diese Begegnung von 28.057 km/h auf 9254 km/h. Sie zwang den Mond, sich um die Erde zu drehen. Die Erde befand sich von da an auf ihrer heutigen Umlaufbahn um die Sonne. Der Planet der Götter änderte durch diese Konfrontation seine jährliche Umlaufzeit um die Sonne von 7992 Stunden auf 8400 Stunden. Es steht nur die Dauer des Umlaufes um die Sonne in

Stunden fest, nicht aber, wie lang ein Tag war. Theoretisch können mit 7992 Stunden 333 Tage zu 24 Stunden gemeint sein, aber auch ein Tag zu 7992 Stunden. Dieses würde auch die gleiche Bedeutung der Wörter *Jomin* bzw. *Jamim* in chaldäischer und hebräischer Sprache für Jahr bzw. Tag erklären. Außerdem begann dadurch die Erde wieder, sich um ihre eigene Achse zu drehen.

Nach dem Gilgamesch-Epos begann da der 7. Tag.

Die Götter in ihren Raumschiffen sahen, dass die Erde wieder anfing sich zu drehen und wussten, dass die Sintflut vorüber war, aber sie warteten sehnsüchtig auf ein Zeichen von Noah, ob auf der Erde weiterhin Leben möglich war.

Am 01.10.2577 v. Chr. kam es wieder zur Konfrontation der Erde mit dem Planeten der Götter. Die Folge war eine Erhöhung der Rotationsgeschwindigkeit auf 125 km/h.

In den folgenden Tagen kam es zur Kontaktaufnahme zwischen Noah und den Göttern, die sich in der Erdumlaufbahn befanden. Dieser Kontakt wurde über einen Raben bzw. eine Taube hergestellt. Eventuell wurden in dieser Zeit die Geschwindigkeiten noch geringfügig korrigiert. Zu diesem Zeitpunkt begann auch die Evakuierung der Bevölkerung vom Planeten der Götter. Auch muss sich der *Himmel des Anu* aus der Umlaufbahn der Erde gelöst haben und auf die Umlaufbahn des Planeten der Götter umgeschwenkt sein. (Anu ist der Vater der im Atrahasis-Epos aufgeführten Hauptgötter Enlil und Enki, die das Volk der Götter zum Zeitpunkt der Sintflut anführten.)

Der *Himmel des Anu* war meiner Meinung nach eine Kontrollstation, eine Raumstation oder Ähnliches, von der aus die Götter die Sintflut und die folgenden Ereignisse steuerten und außerdem Kontakt zu ihrem Heimatplaneten hielten.

Am 01.01.2576 v. Chr. bzw. am 27.02.2576 v. Chr. begann eine neue Zeit mit zwei parallel existierenden Kalendern. Der erste ist der von mir sogenannte *Vergessene Kalender* mit einer festen Jahreslänge von 8400 Stunden (350 Tage x 24 Stunden), der für die Götter extrem wichtig war und sich nach dem *Himmel des Anu* bzw. nach dem Planeten der Götter richtete. Parallel existierte noch der tatsächliche Kalender, der sich nach der Erde richtete und zu diesem Zeitpunkt eine Jahreslänge von 33.480 Stunden (300 Tage x 24 Stunden x 4,65) hatte. Diese zwei Kalender existierten bis zum Beginn unserer heutigen Zeitrechnung am 01.01.0001.

6.3.7. Der Turmbau zu Babel

Seit der Sintflut war noch nicht allzu viel Zeit vergangen und alle Menschen lebten mit den Göttern ziemlich zentral zwischen Euphrat und Tigris zusammen, weil dies der Ort mit den besten klimatischen Bedingungen für einen Neuanfang nach der Sintflut war.
Am 27.08.2486 v. Chr., nach dem tatsächlichen Kalender der Erde, bzw. am 01.01.3115 v. Chr., nach dem *Vergessenen Kalender*, löste der *Himmel des Anu* bei einer sehr nahen Begegnung mit der Erde bei dieser eine gewollte Geschwindigkeitserhöhung aus. Die Geschwindigkeit änderte sich so, dass ab diesem Zeitpunkt ein Jahr eine Dauer von 17.971 Stunden (320 Tagen x 24 Stunden x 2,34) hatte (siehe Kapitel 2). Dabei kam es nebenbei zu einer ungewollten Katastrophe, bei der der Turm zu Babel einstürzte und wahrscheinlich viele Menschen und Götter ums Leben kamen.
Um in Zukunft das Risiko einer erneuten Katastrophe zu minimieren, wurde von den Göttern entschieden, dass überall auf der Erde Menschen und Götter angesiedelt werden sollten. Dies war eine Entscheidung, wie man sie unter gleichen Voraussetzungen auch heutzutage fällen würde, um die Überlebenschancen der Menschheit zu erhöhen.

Folgendes habe ich dazu in der Bibel gefunden:

1. Mose, Kapitel 10, Vers 25
Eber zeugte zwei Söhne. Einer hieß Peleg, darum dass zu seiner Zeit die Welt zerteilt ward; der Bruder hieß Joktan.

1. Mose, Kapitel 11, Verse 8–9
Also zerstreute sie der HERR von dort in alle Länder, dass sie mussten aufhören die Stadt zu bauen. Daher heißt ihr Name Babel, dass der HERR daselbst verwirrt hatte aller Länder Sprache und sie zerstreut von dort in alle Länder.

Dies war also der Startschuss für die komplette Besiedlung der Erde und auch der Anfang der sehr ähnlichen Schöpfungsgeschichten, da jetzt immer seltener die zentralen Götter, sondern vermehrt die regionalen Götter verehrt wurden.

6.3.8. Ursache der Geschwindigkeitserhöhung der Erde

Wie schafften es die Götter, dass sich an den Tagen der großen Ereignisse die Erdumlauf- und die Erdrotationsgeschwindigkeit änderten? Wenn, wie ich bereits schilderte, der *Himmel des Anu* eine Art Raumstation der Götter war, dann wurden hier auch alle durchgeplanten Änderungen an der Geschwindigkeit der Erde etc. gesteuert und überwacht. Ich gehe davon aus, dass die Götter in der Lage waren, Energie in für uns zur Zeit noch nicht vorstellbarer Größenordnung zu erzeugen und zu beherrschen.
Wie kann man allerdings so eine punktgenaue Geschwindigkeitsänderung durchführen? Man müsste, wenn es überhaupt geht, eine große Menge an Energie punktgenau zum richtigen Zeitpunkt und

am richtigen Ort zuführen und dabei sicherstellen, dass dadurch keine Katastrophe verursacht wird, die alles Leben auf der Erde auslöscht. Das ist meiner Meinung nach nur möglich, wenn man diese punktgenau gesteuerte Energie auf eine möglichst große Fläche verteilt. Diese Energie müsste also trichterförmig oder kegelförmig beim Aufprall auf die Erde abgefangen werden. Um das zu erreichen, müsste man auf der Erde an einem vorher berechneten Platz ein Bauwerk errichten, das diese Voraussetzungen erfüllt. Dieses Bauwerk müsste gleich nach der Sintflut gebaut worden und so groß sein, dass es bis zum heutigen Tag nicht übersehen werden könnte.

Diese Beschreibung passt auf die große Pyramide von Giseh in Ägypten. Es ist für mich die einzige sinnvolle Erklärung, warum dieses gewaltige Bauwerk entstanden ist, von dem man bis heute nicht weiß, wie die Erbauer (meiner Meinung nach können es nur die Götter gewesen sein, die dieses Bauwerk zwischen dem Ende der Sintflut und dem Turmbau zu Babel errichteten) es geschafft haben, diese riesigen Gesteinsblöcke vor Tausenden von Jahren passgenau zusammenzusetzen. Es würde auch erklären, wieso die Innenräume so spartanisch ausgestattet sind. Die in der Pyramide von Giseh befindlichen Räume und Gänge dienten in Wirklichkeit nur zur Überwachung beim Bau und zur Überprüfung und Wartung des Bauwerkes. Nachdem es im Jahre 587 v. Chr. das letzte Mal benötigt wurde und die Götter die Erde verließen, geriet die wahre Funktion der Pyramide in Vergessenheit. Sie steht heute trotz Erosion an ihrem Platz und ist wohl das bekannteste Bauwerk des Altertums auf der Erde. Die anderen Pyramiden sind Nachbauten, könnten aber eventuell auch für eine Erdbahnkorrektur benötigt worden sein. Nach meiner Überzeugung muss die Spitze der Pyramide aus Metall gewesen sein und funktionierte ähnlich wie ein Blitzableiter. Die Energie traf demnach die Spitze der Pyramide und wurde durch die besondere Form des Bauwerks optimal auf die Grundfläche verteilt, die wiederum die Energie über ein ideales Fundament, wahrscheinlich gewachsenen Fels, übertrug, was im Endeffekt zu einer Geschwindigkeitsänderung der Erde führte.

Anmerkung:
Der Turm zu Babel könnte auch ein Versuch gewesen sein, ein solches Bauwerk zu errichten.

6.3.9. Die Sintflut und der Maya-Kalender

Wenn diese Theorie stimmt, dann müsste die Zerstörung des Turms zu Babel auch der Beginn der Zivilisation in Amerika (Beginn des Maya-Kalenders) sein.

Die Zerstörung vom Turm zu Babel fand nach dem *Vergessenen Kalender* am 01.01.3115 v. Chr. statt. Nach derzeitigem Kenntnisstand (Wikipedia) ist der Zeitpunkt des Beginns des Maya-Kalenders der 13.08.3114 v. Chr. Dieser zeitliche Zusammenhang kann meiner Meinung nach kein Zufall sein.

Der 13.08.3114 v. Chr. bezieht sich auf den 31.03.683 unserer Zeitrechnung, denn dieses Datum kann sowohl unserem heutigen Kalender als auch dem Maya-Kalender zugeordnet werden.

Wenn man dann den Maya-Kalender zurückrechnet, kommt man auf davor vergangene 1.386.478 Tage. Wenn ein Jahr die ganze Zeit aus 365,2425 Tagen besteht, ergibt das insgesamt 3796 Jahre. Zieht man von diesen 3796 Jahren die 682 Jahre und 3 Monate ab, die nach Beginn unserer heutigen Zeitrechnung vergangen sind, kommt man fast genau auf den 13.08.3114 v. Chr.

In der Realität sind aber in diesen 3796 Jahren 47.465 Tage weniger vergangen. Das kann nur bedeuten, dass die Erschaffer des Maja-

Kalenders den Beginn kannten, aber nichts von dem *Vergessenen Kalender* wussten. Er kann meiner Meinung nach erst zur Blüte des Maya-Reiches entstanden sein.

6.3.10. Sodom & Gomorrha

Am 19.04.2127 v. Chr. nach dem tatsächlichen Kalender der Erde bzw. am 01.01.2346 v. Chr. nach dem *Vergessenen Kalender* löste der *Himmel des Anu* bei seiner nächsten sehr nahen Begegnung mit der Erde wiederum eine gewollte Geschwindigkeitserhöhung bei dieser aus. Die Geschwindigkeit änderte sich so, dass ab diesem Zeitpunkt ein Jahr eine Dauer von 12.240 Stunden (340 Tagen x 24 Stunden x 1,50) hatte (siehe Kapitel 2).

Die bevorstehende Zerstörung von Sodom & Gomorrha wurde von den Göttern in diesem Zusammenhang bewusst in Kauf genommen.

6.3.11. Exodus

Am 13.06.1506 v. Chr. nach dem tatsächlichen Kalender der Erde bzw. am 01.01.1559 v. Chr. nach dem *Vergessenen Kalender* löste der *Himmel des Anu* bei einer seiner nächsten sehr nahen Begegnung mit der Erde eine gewollte Geschwindigkeitserhöhung bei dieser aus. Die Geschwindigkeit änderte sich so, dass ab diesem Zeitpunkt ein Jahr eine Dauer von 9.331 Stunden (360 Tagen x 24 Stunden x 1,08) hatte (siehe Kapitel 2).

Die Hauptenergie, die für diese Geschwindigkeitserhöhung der Erde benötigt wurde, traf auf die Pyramide von Giseh, die sich nicht weit weg von Moses Standpunkt am Roten Meer befindet. Da die Energie auf die Pyramide von Giseh wahrscheinlich mehrere Stunden lang einwirkte, ist es meiner Meinung nach durchaus möglich, dass sich das Meer durch die große Energieeinwirkung für diese Zeit wie bei Ebbe zurückzog und nach Ende der Energiezufuhr ähnlich wie bei der Flut zurückkam. Das Ganze war bloß eine Sache ausgeklügelter Planung durch die Götter.

Bemerkenswert ist auch, dass auf einer Landkarte Babel, Sodom & Gomorrha und die Pyramide von Giseh annähernd auf einer Linie liegen.

6.3.12. Beginn des Tempelbaus unter Salomo

Am 20.05.1027 v. Chr. nach dem tatsächlichen Kalender der Erde bzw. am 01.01.1027 v. Chr. nach dem *Vergessenen Kalender* löste der *Himmel des Anu* bei einer seiner nächsten sehr nahen Begegnung mit der Erde eine gewollte Geschwindigkeitserhöhung bei dieser aus. Die Geschwindigkeit änderte sich so, dass ab diesem Zeitpunkt ein Jahr eine Dauer von 7.920 Stunden (375 Tagen x 24 Stunden x 0,88) hatte (siehe Kapitel 2).

Die Götter waren anscheinend nicht mehr so präsent, aber diese Geschwindigkeitserhöhung (eine Machtdemonstration ohne Gleichen) veranlasste die Menschen, einen Tempel zu bauen.

6.3.13. Zerstörung des Tempels durch Nebukadnezar

Am 16.07.0587 v. Chr. nach dem tatsächlichen Kalender der Erde bzw. am 01.01.0612 v. Chr. nach dem *Vergessenen Kalender* löste der *Himmel des Anu* bei einer seiner letzten sehr nahen Begegnungen mit der Erde eine gewollte Geschwindigkeitsreduzierung bei dieser aus. Die Geschwindigkeit änderte sich so, dass seit diesem

Zeitpunkt ein Jahr eine Dauer von 8.765,82 Stunden (365,2425 Tagen x 24 Stunden x 1,0) hat (siehe Kapitel 2).

Diese letzte Geschwindigkeitsänderung der Erde war eventuell auch das Ende vom *Himmel des Anu* und der Macht der Götter. Denn sonst hätten die Götter die Zerstörung ihres Tempels sicher nicht zugelassen.

Da die Götter auch nach der Zerstörung ihres Tempels in den alten Schriften so gut wie nicht mehr auftauchten, schwanden ihre Macht und der Glaube an sie immer mehr. Das ganze Wissen der Götter ging daraufhin verloren bzw. wurde im Laufe der Zeit infrage gestellt. Nur wenige Menschen glaubten an eine Wiederkehr der Götter.

Anmerkung:
In meiner hier aufgeführten Version existiert der Planet der Götter nach der Sintflut nicht mehr, weil er zerstört oder durch die Konfrontation mit der Erde aus unserem Sonnensystem entfernt wurde. Möglicherweise könnte er aber auch mitverantwortlich für die späteren Geschwindigkeitsänderungen sein. Nicht auszuschließen ist auch, dass es sich bei dem Planet der Götter um unseren heutigen Mond handelt.

6.4. Eine Vorstellung von der Entstehung der Welt

6.4.1. Möglicher Ablauf

Am Anfang herrschte das Chaos. Daraus erschuf Gott viele Sterne und Planeten. In unserem Sonnensystem entstanden unter anderem zwei Planeten, auf denen Leben möglich war. Zuerst entstand der Planet der Götter, der sich auf dem heutigen Platz der Erde in unserem Sonnensystem befand. Später entwickelte sich in einer Umlaufbahn um den Jupiter unsere Erde. Beide Planeten entwickelten sich gemäß der Evolutionstheorie sehr langsam. Durch den späteren Beginn hing die Erde aber mindestens eine Entwicklungsstufe gegenüber dem Planeten der Götter zurück.

So kam es, dass vor mehr als 25.000 Jahren das bereits hoch entwickelte Volk vom Planeten der Götter die unterentwickelte Erde kolonisierte.

Als abzusehen war, dass das Volk der Götter wahrscheinlich aufgrund immer geringer werdender Widerstandsfähigkeit und Inzucht auszusterben begann, erschufen sie den Menschen nach ihrem Bilde. Dabei vermischten sie das Erbgut von ihrer Rasse mit dem Erbgut des Urmenschen auf der Erde. Der daraus entstandene Mensch hatte dadurch die Voraussetzungen, weiterhin so intelligent wie sie, aber auch so widerstandsfähig und zeugungsfähig wie ein Urmensch von der Erde zu sein. Dadurch wurden alle Vorzüge aber auch alle Schwächen mitvererbt. Dieses würde im Umkehrschluss aber auch bedeuten, dass es Neid, Eifersucht usw. auch schon beim Volk der Götter gegeben haben muss. Unsere Vorfahren waren also nicht vollkommen, denn auch sie hätten sonst gemäß der Evolutionstheorie auf Dauer nicht überleben können.

Da ihr bald darauf sterbender Planet, was wahrscheinlich u. a. aufgrund der immer stärkeren Industrialisierung forciert wurde, nicht mehr zu retten war, stand das Volk der Götter vor einem riesigen Problem. Wie rettet und evakuiert man ein ganzes Volk inklusive der gesamten Flora und Fauna? Schnell war klar, dass als neuer Lebensraum nur die Erde in Frage kam. Aber so viel sie auch nachdachten, der bei einer Evakuierung notwendige Transport eines ganzen Volkes inklusive der alten und gebrechlichen Personen, Kindern und sonstigen wichtigen Sachen war aufgrund der großen Entfernung zur Erde, die sich ja zu der Zeit in einer Umlaufbahn des Jupiters befand, einfach nicht möglich. Nach dem heutigen Motto *Wenn der Prophet nicht zum Berg kommt, muss halt der Berg zum Propheten kommen* entwickelten sie folgenden Plan. Ihr sterbender Planet sollte durch die Erde ersetzt werden, damit die gesamte Bevölkerung gerettet werden konnte. Dieser Plan wurde auch wirklich durchgeführt und der größte Teil davon ist uns heutzutage als Sintflut bekannt.

6.4.2. Mögliche Schlussfolgerung

In der Bibel wurden möglicherweise Gott und das Volk der Götter auf eine Stufe gestellt, was so nicht korrekt sein kann, da das Volk der Götter die gleichen Schwächen wie wir hatte und wahrscheinlich auch die gleichen Fehler wie wir heute (z. B. im Klimaschutz) bereits vor langer Zeit machten.

Die Bibel enthält außer einem Geschichtsbuch auch eine Anleitung, wie die Menschheit mit ihren von dem Volk der Götter vererbten Schwächen leben soll. Das Ziel ist, möglichst so zu leben, dass der Lebensraum dauerhaft erhalten bleibt. Wir sollen nicht den gleichen Fehler wie unsere Vorfahren, das Volk der Götter machen und durch eigenes Verschulden das Ende unseres eigenen Lebensraums (unserer Erde) durch Kriege, Umwelteinflüsse o. Ä. forcieren. Es ist heutzutage nicht absehbar, ob wir in Zukunft ggfs. in der Lage sind, wie das Volk der Götter es uns mit der Sintflut vormachte, einen Ersatzlebensraum zu schaffen.

Die Bibel könnte stark von den letzten großen Weisen vom Volk der Götter geprägt worden sein mit dem Ziel, dass wir zu gegebener Zeit wissen, von wem wir abstammen und die Möglichkeit haben, einem sich anbahnenden Untergang unserer schönen Welt entgegenzuwirken.

Zusammenfassend würde diese Theorie viele bereits in diesem Buch aufgeführte Ungereimtheiten in der Geschichte der Menschheit erklären. Im Folgenden führe ich einige davon an:

- Wieso gibt es so kuriose Monatsnamen? (Der Dezember wird z. B. aus dem lateinischen Wort für *Zehn* abgeleitet und nicht aus dem Wort *Zwölf*.)
- Der Beginn unserer heutigen Zeitrechnung ist klar und eindeutig definiert.
- Aufgrund von zwei nebeneinander existierenden Welten, die sich aber in einem unterschiedlichen Entwicklungsstadium befanden, lassen sich alle fantastischen Geschichten und Wunder in der Bibel, wie z. B. die Sintflut, der Turmbau zu Babel, Sodom & Gomorrha und der Exodus erklären und hätten tatsächlich stattgefunden.
- Die extremen Entwicklungssprünge auf der Erde sowie das plötzliche Auftauchen von bis dahin nicht bekannten Tieren und Pflanzen wäre erklärbar.
- Wahrscheinlich stammt aus dieser Zeit auch die Unterscheidung von reinen und unreinen Tieren.
- Die im Meer versunkenen Teile von Alexandria in Ägypten könnten eine Folge des Anstiegs des Meeresspiegels aufgrund einer Erhöhung der Erdrotationsgeschwindigkeit und der damit verbundenen Fliehkraft sein.
- Die ähnlichen bzw. gleichen Ursprünge der verschiedenen Religionen auf der Erde wären nachvollziehbar.
- Der Beginn des Maya-Kalenders würde einen Sinn ergeben.
- Die Darstellung in der Bibel, dass von Gott manchmal in der Einzahl und manchmal in der Mehrzahl gesprochen wird, wäre erklärbar.

Alle diese aufgeführten Ungereimtheiten sind Ereignisse, die durch das Volk der Götter verursacht bzw. beeinflusst wurden. Dieses ist das Vermächtnis (vom Volk) der Götter.

Diese Ereignisse sind meiner Meinung nach strikt von Gott zu trennen, denn Gott steht über allem und hat auch das Volk der Götter erschaffen. Gott, der von Anfang an da war, hat aber immer die Möglichkeit gehabt, und hat sie auch noch heute, in die Geschehnisse einzugreifen.

Viele Leser dieses Buches, u. a. auch Wissenschaftler und Kirchenvertreter werden diese Theorie als absurde fiktive Idee, Spekulation oder als Spinnerei bezeichnen, aber eine konkrete Vorstellung oder gar eine plausible Erklärung für die in der Bibel beschriebenen Ereignisse haben sie alle nicht. Sie verstecken sich alle hinter Wundern o. Ä., da sie Angst vor etwas Neuem, bisher Unvorstellbarem haben. Darauf kann ich nur mit einem Zitat von Mark Twain antworten: *Menschen mit einer neuen Idee gelten so lange als Spinner, bis sich die Sache durchgesetzt hat.*

7. Nachwort

Sicherlich stellen Sie sich jetzt die Frage, wie sich unsere Erde ab dem Jahr 683 v. Chr. weiterentwickelt hat. Auch hier ergeben sich für eine Erklärung von bisher unverständlichen Ereignissen und Zusammenhängen in der Geschichte der Erde nach meiner Theorie realistische Möglichkeiten. Die Menschheit ist meiner Meinung nach aber noch nicht bereit, diese möglichen Zusammenhänge realistisch zu betrachten, denn dieses könnte zu großen Veränderungen in unserer Gesellschaft führen, weshalb ich zu diesem Zeitpunkt nicht näher darauf eingehen möchte.

Lassen Sie bitte nach dem Lesen des Buches die vielen Informationen einige Tage auf sich einwirken und denken dann über das Buch und die möglichen Folgen noch einmal nach.

Die Quellenangaben sollen übrigens dazu anregen, sich mit diesem Thema ausführlich zu beschäftigen.

8. Quellenverzeichnis

www.bibel-online.net
(Übersetzungen, Zeitangaben zur Entstehung)

www.wikipedia.de
(Enuma Elisch, Atrahasis-Epos, astronomische Angaben, Königslisten)

www.esri.com
(Simulation eines Erdstillstandes durch Witold Fraczek von der Firma *Esri*)

www.zeitundzahl.de
(Interpretation der Zeitangaben in der Bibel)

Gerhard Zint
Chronologie der Bibel

Arthur Ungnad und Hugo Gressmann
Das Gilgamesch-Epos
Forschungen zur Religion und Literatur des Alten und Neuen Testaments, 14. Heft aus dem Jahr 1911

Bähr, J. Chr. F.
Die Musen des Herodotus von Halicarnassus aus dem Jahr 1863
(Historien von Herodot)

Johann Jackson
Chronologische Alterthümer der ältesten Königreiche vom Anfange der Welt durch fünf Jahrtausende

(Dieses Buch wurde aus dem Englischen von Christian Ernst von Windheim ins Deutsche übersetzt und erschien im Jahre 1756)

Michael Drosnin
Der Bibelcode aus dem Jahr 1997

Zecharia Sitchin
Der zwölfte Planet aus dem Jahr 1979